轨道车辆智能制造导论

张　旭　许建鑫　编著

吉林出版集团股份有限公司
全国百佳图书出版单位

图书在版编目（CIP）数据

轨道车辆智能制造导论 / 张旭，许建鑫编著. -- 长春：吉林出版集团股份有限公司，2024.5
ISBN 978-7-5731-4958-9

Ⅰ.①轨… Ⅱ.①张… ②许… Ⅲ.①智能技术-应用-轨道车-车辆制造 Ⅳ.①U216.61-39

中国国家版本馆CIP数据核字（2024）第097134号

GUIDAO CHELIANG ZHINENG ZHIZAO DAOLUN

轨道车辆智能制造导论

编　　著	张　旭　许建鑫	
责任编辑	王丽媛	
装帧设计	清　风	

出　　版	吉林出版集团股份有限公司
发　　行	吉林出版集团社科图书有限公司
地　　址	吉林省长春市南关区福祉大路5788号　邮编：130118
印　　刷	长春新华印刷集团有限公司
电　　话	0431-81629711（总编办）
抖 音 号	吉林出版集团社科图书有限公司　37009026326

开　　本	710 mm×1000 mm　1 / 16
印　　张	9.5
字　　数	150千字
版　　次	2024 年 5 月第 1 版
印　　次	2024 年 5 月第 1 次印刷

书　　号	ISBN 978-7-5731-4958-9
定　　价	58.00 元

如有印装质量问题，请与市场营销中心联系调换。0431-81629729

前　言

随着新兴信息技术的兴起和广泛应用，传统的生产方式和商业模式正经历着巨大的变革。我国制造业约80%的中小企业积极寻求由中国制造向"中国智造"的转型。这不仅涉及将信息技术应用于加工生产，还涉及生产管理和体制模式的创新和挑战。实现"中国智造"的核心在于更深度地推动信息技术与其他产业的融合，引领创新技术的研发，成功实现中国制造向"中国智造"的转变。

轨道车辆，作为城市交通系统的核心组成部分，不仅承载着人们的出行需求，更是现代都市运行的命脉。然而，传统的制造模式面临着日益严峻的挑战：效率不足、成本居高不下、生产过程难以灵活应对市场需求的变化。在这个背景下，智能制造应运而生，并为轨道车辆制造业注入了新的活力。

在过去的几十年里，轨道交通系统一直是现代城市生活中不可或缺的一部分。随着科技的飞速发展，智能制造不仅是提高效率、降低成本的方式，更推动了轨道车辆制造行业向全新的高度迈进。了解智能制造在轨道车辆制造中的全过程应用。我们将从设计开始，涉足先进的数字化技术，让读者领略虚拟现实与实际生产的无缝融合。随后，我们将穿梭在自动化生产线之中，揭示人工智能在生产中的应用，提升了生产效率、保证了产品质量。

智能制造逐渐成为未来制造业发展的趋势和核心内容。它不仅是加快发展方向转变、促进工业向中高端迈进、建设制造强国的重要举措，同时也是在新常态下塑造新的国际竞争优势的必然选择。然而，推进智能制造是一项复杂而庞大的系统工程，它是一种新生事物，需要不断地探索、试错，难以迅速实现，更不能急于求成。

　　本书全面介绍了轨道车辆智能制造的方方面面，涵盖了从设计到生产、从材料到工艺。我们深入研究先进的数字化技术、人工智能的应用以及自动化生产线的实践经验，旨在帮助读者更好地理解这些创新技术。同时，我们还关注行业趋势、可持续发展以及未来可能的挑战。在这个充满变革的时代，我们相信通过了解和运用智能制造的最新成果，轨道车辆制造行业将迎来更为璀璨的明天。我们深信，通过这些探索，我们不仅能看到更先进、更安全、更节能的轨道车辆，更能够从容迎接城市交通未来的挑战。然而，我们也深知这一切的实现并非易事。本书审视了智能制造在轨道车辆制造中可能面临的挑战，探讨如何在技术创新的同时保障生产的可持续性；我们对未来的发展趋势进行展望，为读者描绘一个智能、绿色、高效的轨道交通蓝图。

　　本书在编写过程中，参考了大量文献资料和网络资料，在此向所有参考文献的作者表示衷心的感谢。由于笔者水平所限，加之时间仓促，出现错误和不妥之处在所难免，恳请广大专家和读者批评指正。

目　　录

第一章 绪 论

第一节 轨道车辆智能制造的背景与意义

一、轨道车辆智能制造的背景

我国经济由高速增长阶段转向高质量发展阶段，需要加快制造业的发展，推进互联网、大数据、人工智能等和实体经济的深度融合，世界各国都逐步制定了一系列智能制造发展战略，未来制造业的重要发展方向是智能制造，而智能制造是中国制造转型升级的重要方向。一个国家的工业现代化发展方向及技术水平，将影响轨道交通系统的整体发展情况，也影响轨道交通智能化体系的构建。我国对轨道交通的投入不断加大，由于城市轨道交通具有速度快、运量大、能耗少、占地小的特点，所以发展城市轨道交通成为解决交通运输中客流量大、交通拥堵、速度慢等问题的有效手段，这也是我国轨道车辆产业的重要发展方向与机遇。

近几年，我国铁路工业持续快速发展，带动了高端设备制造业和其他行业的发展。为确保城市轨道交通的稳定、安全和可靠，既要实现其智能化生产，又要确保其运行的智能化，提高系统的运行效率。

中国的轨道交通装备制造业是创新驱动、智能转型、基础夯实、绿色发展的典范，具有自主创新能力和国际竞争力，并且有显著的产业带动作用。今后，我国的轨道交通设备制造业将在各大行业中全面推进智能制造，建立起一套具有持续创新能力的创新系统。高铁制造企业作为该产业具有最高科技含量的企业，正在根据自己的特色，对智能制造技术进行持续探索，并制订了相应的智能制造方案。但是，当前我国的智能制造水平与高层次的智能制造还存在很大的差距。

二、轨道车辆智能制造的意义

在我国，由于城市轨道交通线路数量不断增加，部分城市已经形成了规模较大的线路网络，为提高交通运输效率，必须对多条线路进行网络化运营。为此，需要通过更合理的优化算法和更可靠的通信技术，建立智能化的电网级调度指挥中心，实现电网内所有线路的互联互通和电网运营调度。虽然目前部分城市已对同类线路进行了共轨化管理，但由于涉及变量众多，需要编制的规程也比较繁杂，且要考虑线路设计、换乘等诸多因素，因此城市轨道交通的智能化管理要推广到全国各地还需要一段时间。但可以通过采集多源客流监测数据，构建智能化客流预测系统。基于物联网、大数据平台和数据挖掘等技术，对客流情况进行动态监控，对收集到的客流数据进行分析与处理，可以对短期、长期和特殊时间的客流进行预测，并对客流疏导、管理和控制等问题提前生成解决方案。

城市轨道交通的互联互通，不仅仅是设备的接口协议标准化、设备之间的信息交流，更表现在通过多条线路上的列车过轨，这将打破以单线为基础的传统运行方式。城市轨道交通的互联互通有助于降低成本和提高运输服务品质。减少整个网络的车辆数量，就减少了停车、维修和测试所需要的场地和设备；由于所有的连接设施都是统一的，因此可以实现大批量制造、采购、存储、安装、调试、维修等环节，降低了成本。同时，城市轨道交通的互联互通可以降低旅客的换乘次数，缩短旅客的乘车时间；采用快速车和慢速车混合运行的方式，可以更好地满足旅客的出行需要，提升交通服务水平。

第二节 轨道车辆智能制造的发展历程

一、智能制造初期阶段的轨道车辆制造

在1949年以前，中国铁路用的机车大部分依赖进口。新中国成立后，中国轨道交通装备制造业快速发展，历经仿制、自主设计研发和引进消化吸收各阶段，2007年4月18日，中国铁路运输第六次大提速正式实施。在京哈、京沪、京广、陇海、沪昆、胶济和广深等既有的繁忙干线中大量开行具有自主知识产权的"和谐号"高速动车组列车（200km/h~250km/h），这标志着中国铁路拉开高速时代的序幕，同时促进了轨道交通装备生产制造技术的快速提升。经过六次大面积提速，极大地推动了我国铁路运输生产力发展，大大加快了中国铁路现代化发展的历史进程。

2017年，由中车青岛四方汽车研究院研发的高速铁路车辆智能维修系统，在2017世界智能制造大会上展出。该系统让我国第一次实现了对列车运行状态的自动化和智能化检测，从而提高了列车运行状态的辨识和检测效率。史红卫教授于2017年首次提出采用智能仪表和智能测试技术对车间运行状态进行智能化感知，并探索其在MES中的应用方式，并以此为基础，对数字化生产线的重构进行了创新研究，并对符合智能制造需求的智能仪表和检测技术的发展进行了研究，研究成果为智能制造系统的数据获取和智能感知提供了有力支持。张建耸教授于2018年以重型卡车生产线智能组装工程为实例，阐述了智能制造系统在重型卡车生产流程中的应用，并在总装一车间分公司进行了"卡车企业智能制造系统"的研发与应用研究，推进"卡车制造"到"卡车智造"的转型。

二、智能制造技术的引入

智能制造时代已开启，智能制造也成为世界制造业争相发展的主旋律，中国、德国、美国都对智能制造的发展提出了自己的见解，既有不同，又有密切的关系。智能制造是以互联网为基础，没有互联网作为支撑，就无法实现智能制造。从某种意义上来说，"中国制造2025"、德国的"工业4.0"、美国的"工业互联网"，都是建立在"CPS体系"之上的"智能工厂"。

智能制造所依赖的智能化，简单地说，就是以"物的智慧"部分取代"人的智慧"，它是以信息为基础，通过数据挖掘、数据分析等智能技术，从现有的数据与信息资源中，挖掘出有价值的知识，并在各个领域的应用中产生更大的价值，这就是"数据-信息-知识-价值"的转换。在这一转型中，"数据"与"信息"成了"信息"，而"知识"与"价值"则成了智能时代的核心。所以，"智能化"的实质就是要通过对知识的发掘、积累、组织和利用，来促进知识的生长和增值。

将信息化、大数据分析、人工智能等智能化技术引入城市轨道交通产业，旨在提高城市轨道交通的运营效率，提升运营、维护、安全与服务水平，减少运营成本。当前，智能化技术在我国城市轨道交通中的应用，主要集中在如下几个方面。

1. 增强系统的安全性、可用性、可靠性。比如，开发智能列车，改善其在线自动诊断、自动控制和遥控等功能；在此基础上，研究弹性编组列车的可行性，建立运行费用与旅客旅行时间双重优化的列车开行方案模型。从而达到城市轨道交通智能制造高稳定性、高可靠性、国产化的目的。

2. 实现网络化运营调度。随着我国城市轨道交通线路的日益增多，一些城市逐渐形成了具有一定规模的"线网"，为了提高交通运输的效率，需要所有线路实现网络化运行。因此，必须采用更加合理的优化算法与更加可靠的通信技术，构建智能的电网级调度指挥中心，实现各线之间的互联互通与网络运行调度。

3. 采集多源客流监测数据，构建智慧客流分析及预测系统。基于物联网、城轨云、大数据平台和数据挖掘等技术，对客流情况进行动态监控，对收集到的客流数据进行处理与分析，对短期、长期和特殊时间的客流进行预测，并提出运行方案。

4. 提升机电设备、车辆和轨道设施的自动化检测和诊断水平，促进设备设施的维保由"故障修""计划修"向"状态修""预测修"转变。基于状态感知、物联网、建筑信息模型、云计算等先进技术，搭建在线监测、数据采集、传输、存储平台，构建"设备状态–数据–设备状态"之间的映射关系，并对其进行持续优化、自学习和标定，对机电设备、车辆及轨道设施进行科学的状态诊断，设置故障临界值，并自动生成紧急处理的预警信息和维修方案。当前，建筑信息模型已经由施工阶段拓展至运营阶段，构建基于建筑信息模型的城市轨道交通基础设施运营与运营管理平台，已经成为一个重要研究方向。

5. 实现安全保障工作的智能化。智能巡检与集成监测是目前工业生产安全保障智能化的重要措施。比如，在隧道、道砟、钢轨、扣件等设备上采用激光雷达、图像自动识别等先进的检测方法，实现了对进入限界的异物的快速识别；针对公共安全突发事件，基于智能安全地图生成软件，并结合视频分析技术，可以对突发事件进行预警，使相关部门能够对突发事件进行快速、准确的判断，并制订相应的应急预案。

6. 实现便捷、人性化的服务。比如，在有闸机的情况下，实现售票系统的电子化；在此基础上，建立基于状态感知和物联网等技术的智能环境调控体系，实现车厢、车站等区域的温、湿、光等要素的智能化调控，提升乘客的舒适性。在实名制和个人信用体系的基础上，推动跨平台、跨场景的乘车购票服务。通过丰富的终端设备，将多个平台的出行服务内容进行整合，为旅客的出行需求量身定制出行方案等延伸服务。

三、轨道车辆智能制造的发展趋势

轨道车辆智能制造行业的发展趋势主要有以下5个特点：

1. 自动化、集成化、信息化趋势明显。智能制造装备将实现生产过程的高度自动化，硬件、软件与应用技术深度集成，信息技术与先进制造技术深度融合，能够优化生产过程。

2. 国产工业软件替代速度加快。国内工业软件尤其是生产控制软件将通过技术创新、并购整合等方式快速崛起，实现国产工业软件的逐步替换。

3. 多方参与建设工业互联网平台。国内各龙头企业包括装备与自动化企业、领先制造业企业、信息技术企业等将继续发挥自身优势，推出工业互联网平台，促进区域产能重组升级和优化产业供应链，为制造业转型赋能。

4. 工业互联网+5G推动制造业数字化转型。随着大数据、云计算、人工智能等技术的发展，制造业企业将继续加大力度布局自动化和智能制造领域，通过布局工业互联网+5G颠覆传统生产组织模式，实现效率提升。

5. 智能化水平持续提升。随着人工智能的快速发展和应用，智能制造行业将在软硬件技术上实现更高水平的智能化。在硬件方面，机器人技术将进一步发展壮大，实现更高程度的自动化生产；传感器技术将更加精准，能够实时掌握生产过程的各项数据；3D打印技术将应用在更多的领域，实现更高质量的定制化产品生产。在软件方面，人工智能技术将更广泛应用于预测和优化生产过程，可以提高资源利用效率；大数据技术将更好地挖掘和分析生产数据，为决策提供更科学的依据；云计算技术将实现资源共享和协同，提高生产效率。

目前，轨道交通可持续发展聚焦在降低运营过程中的能源消耗（以下简称"能耗"），主要涉及以下方面：

1. 各种节能设备、可再生能源科技的应用。在城市轨道交通研究领域中，节能照明光源与智能控制系统、列车制动再生能吸收与利用、列车"节能惰行"运行方式、轻量化列车、永磁牵引技术、基于环境感知的通风空调系统、变频自动扶梯、磁悬浮压缩机等，都是当前研究与应用的热点。另外，目前已有一些城市轨道交通示范工程采用了太阳能、地热能和光伏发电等新能源发电技术。

2. 城市轨道交通能耗计量技术的应用。当前缺少对城市轨道交通早期建设和后期运营能耗的有效测量方法，使得建设、运营部门难以对其进行有效的评价。为了减少能耗，必须对各个用能环节进行能耗的计量。当前比较先进的能源计量技术主要有无人值守和物联网等技术。

3. 建立能耗评价指标体系，打造智能化能源管理系统。通过建立合理的能耗评价指标体系，结合数据挖掘技术，能够以采集的能耗数据为基础，对城市轨道交通用能进行精准分析，从而从技术节能和管理节能两方面不断优化。虽然目前已制订了相关的城市轨道交通能耗评价指标体系，但在数据采集和评价模式尚未实现数字化的现实条件下，此项工作还有待进一步完善。

第三节 轨道车辆智能制造的关键技术应用举例

一、人工智能在轨道车辆制造中的应用

人工智能（Artificial Intelligence，AI）是人类研究、开发和发展人类智能的理论、方法、技术和应用体系，以实现对人类智能的模拟和扩展。随着人工智能技术的飞速发展，尤其是深度学习、BP神经网络、卷积神经网络、递归神经网络等人工智能算法的成熟，人工智能被更多地应用在交通领域，尤其是在无人驾驶汽车、智慧交通等方面，人工智能已成为我国道路交通产业迅速发展不可或缺的一项基础性技术。在轨道车辆制造过程中，人工智能不仅介入了设计、开发、制造等过程，营销、售后、服务等各个环节也有人工智能的加入。由此可见，过去传统的设计模式已经无法满足现代社会的需求，因此为了解决这一问题，机械领域越来越逐渐重视人工智能系统。各种人工智能技术的出现，使轨道交通工具的制造方式呈现出多元化趋势，并且试图实现全流程自动化，将人为因素的负面影响降到最低。

此外，相对于传统的设计方式，人工智能系统具有无可比拟的优越

性。人工智能系统不但能够长时间工作，节约人力、物力、财力，还能够为工作人员提供一种储存信息的方式，便于后继者学习和传承。显然，人工智能技术的引入，给机械设计界带来了一股新的活力。可以预料，未来的交通领域，人工智能将成为主要的发展方向，而作为其中的一部分，轨道交通也将在人工智能的帮助下迎来爆发式的发展。

二、物联网技术在轨道车辆制造中的应用

物联网（Internet of Things，IOT）融合了互联网技术、计算机技术及信息采集技术，它是新一代信息技术的重要组成部分，它是通过信息感知装置，按照约定的协议，把任意物体与因特网相连进行信息交流，从而达到智能化的追踪、定位、识别、监测和管理。

物联网是基于移动互联、云计算和大数据技术形成的一套技术体系，核心在于通信传输和信息感知。随着我国城市轨道交通管理的智能化水平不断提高，物联网技术在城市轨道交通中应用的范围也越来越广泛，它的应用体现在将各种车载终端、信息源、场站终端与因特网相连，实现对场站、驾驶员、运营车辆、旅客等有关信息的收集与处理，以及与后台管理系统进行数据交互。车载信息传感设备主要有行驶记录仪、定位终端、IC卡读取器、车载POS机等。通过物联网技术实现信息源、车载及场站终端、后台系统之间的有机连接，不仅可以实现后台系统和终端设备的数据连接，还可以利用NFC近场通信、卫星定位、RFID射频等技术感知信息源，车载终端之间的设备互联通过CAN总线技术实现，车载终端与场站终端之间的通信通过Zigbee等技术实现。

三、大数据分析在轨道车辆制造中的应用

"大数据"这个词早在1980年就被未来学家托夫勒在其所著的《第H次浪潮》中热情地称颂"第H次浪潮的华彩乐章"。在2008年9月《自然》杂

志推出了名为"大数据"的封面专栏之后，大数据逐渐成为热点词汇。关于大数据的基本概念，英文名称有以下几种：大数据（Big Data）、大尺度数据（Large Scale Data）和大规模数据（Massive Data），当然不同英文含义翻译为中文其含义差别更大，目前尚未形成统一的定义。维基百科认为，大数据或称巨量数据、海量数据、大资料，指的是所涉及的数据量规模巨大到无法通过人工，在合理时间内达到截取、管理、处理、规整。

机车轨道车辆运行维护集成平台是为保障机车的安全，针对机车的防火、高压绝缘、制动、行车等方面的安全问题，研制的一套智能化的机车运行维护综合平台。现在车载安全保护系统是轨道车辆必不可少的一种系统，全国各地的铁路局都安装了上万套，利用机车轨道智能化系统，获得了智能大数据，为国家下一阶段的轨道车辆智能化系统的研发提供了良好的数据基础。通过对铁路线路智能控制系统的研究，提出了基于网络的列车运行状态监测方法。

第二章　轨道车辆智能制造的基础知识

第一节　轨道车辆智能制造的定义与特点

轨道车辆智能制造是一种综合应用信息技术、自动化技术和智能控制技术的制造模式，旨在提升轨道车辆制造的效率、质量和智能化水平。该制造过程利用先进的数字化技术，如计算机辅助设计（CAD）、计算机辅助制造（CAM）以及其他虚拟制造工具，对轨道车辆的设计、生产和运营进行全面的数字化和智能化管理。

一、轨道车辆智能制造的定义

轨道交通工具的智能制造开启了机械工程的时代变革，我们深刻地认识到，轨道车辆的智能化已经逐渐成了一种必然的趋势。在轨道交通领域，智能制造的理念并不只是简单的机器加工和生产，它还涉及机器的使用方式和使用效果。如何安全可靠地开展生产，并解决由此带来的一系列问题，是轨道交通制造技术智能化发展的重要一环。同时，轨道车辆智能制造技术也将极大地为国家的现代化建设做出贡献，例如替代人力资源开展生产工作，使企业能够更好地完成精细加工，提升企业的生产水平，保证铁路车辆制造行业的正常运转。

轨道交通装备智能化制造的实质是利用物联网、大数据、云计算、移动互联等新一代信息技术和智能装备，对传统制造业进行全面的改造和升级，让人、设备、产品和服务等生产要素和资源之间实现相互识别、实时互动和信息整合，促进产品智能化、装备智能化、生产方式智能化、管理智能化和服务智能化。

二、轨道车辆智能制造的特点

我国铁路汽车工业经过兴起、停滞和迅速发展三个时期。新中国成立前，我国的轨道交通工具主要依靠进口。新中国成立后，我国城市轨道交通汽车产业发展迅速，经历了仿制、自主设计研发、引进消化吸收等几个时期，先后完成了"和谐号"高铁动车组的投产和六次大提速。另外，我国城市轨道交通、高速铁路动车组的生产也逐渐向智能化制造方向发展。这些变化极大地提高了我国轨道交通的承载能力，推动了轨道交通向现代化、智能化方向发展。城市轨道交通智能化的发展趋势是从传统向精细型转变，然后从精细型转变为精益型，并逐步向数字化、智能化转型，在产能和工艺技术上均处于国际领先地位。目前轨道车辆智能制造主要有以下特点：

1. 高效的生产效能。随着"大数据"时代的到来，以及"物联网""人工智能"等技术的支持，轨道车辆智能制造的发展是必然的。为进一步推动企业的智能发展，降低生产过程中的能耗、提高生产效率、缩短生产周期、创造出事半功倍的技术工程效果，就要以提高效率为前提，保证企业的快速、高质量加工，保障产品的质量，做好产品的开发工作。

2. 集成化的运营。轨道车辆智能制造的发展方向是，将人工智能、机械设备、硬件资源和软件系统等方面进行融合，让机械工程技术各司其职，保证人工智能的最优发展，通过一体化的工程建设，将人工智能时代带来的优秀成果更好地展现出来，推动我国机械工程技术的高质量发展。

3. 节能环保。随着人类物质生活水平的不断提升，不可避免地会出现一些资源的浪费，而机械工程技术的智能化发展，大大减少了对环境的污染，节省了大量的资源浪费，实现了可持续发展的战略，创建了绿色的生态环境。

我们已经拥有了发展智能制造的工业基础，并获得了大量的相关基础研究结果；机器人技术、感知技术、复杂制造系统、智能信息处理技术等长期以来限制着我国工业发展的智能制造技术也有所突破；解决了隧道掘进机、自动控制系统、高档数控机床等一批关系到国家工业安全的核心高端设备的制造难题；一批国家相关研究开发基地已建成；培养出了一大批从事本领域研究与开发工作的技术人员。近年来，我国大力推进智能化制造，政府对智能化生产给予了强有力的支持，制定了一系列的研究与开发规划，加大了研究开发资金投入。

第二节　轨道车辆智能制造的基本原理

一、数据采集与传输

网络实时分析系统是基于网络中传输的数据包进行分析的，因此数据采集模块是网络实时分析系统的重要组成部分，其功能是对网络中传输的数据包进行采集、转发和存储，其功能结构如图2.1所示

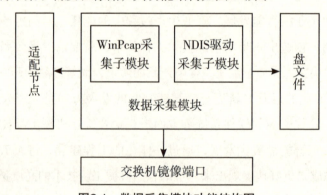

图2.1　数据采集模块功能结构图

基于数据采集模块的功能需求分析，本书采用基于WinPcap技术和基于NDIS中间层驱动技术两种方案实现数据采集模块的功能。

这两种技术方案的特点不同，但都不可或缺。之所以引入NDIS中间层驱动技术是因为WinPcap技术在数据存储方面展现的效率不够高，而NDIS中

间层驱动技术能够在内核空间实现数据包的高效存储，可以为其他离线分析系统提供数据来源。因此，本模块内部分为WinPcap采集子模块和NDIS驱动采集子模块，WinPcap采集子模块基于WinPcap技术实现，负责完成数据包的采集和转发功能，为网络实时分析系统提供数据源。NDIS驱动采集子模块基于NDIS中间层驱动技术实现，负责完成数据包的存储功能，为网络实时分析系统提供必要的数据支持，并且为其他离线网络数据分析系统提供数据来源。

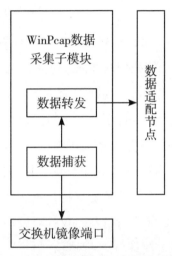

图2.2　WinPcap数据采集子模块功能结构图

图2.2展示了WinPcap采集子模块的内部功能结构图，WinPcap采集子模块主要有数据捕获功能和数据转发功能，数据捕获功能直接与交换机镜像端口进行交互，负责采集原始数据包；数据转发功能对采集到的数据包进行一定的封装，再通过TCP协议转发至底层流计算分析平台的数据适配节点。

二、数据分析与处理

数据传输分析模块是网络实时分析系统的核心模块，该模块将根据数据采集模块转发的数据流，对目标网络进行定制化的分析，并得出分析结果。

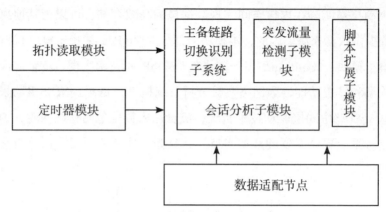

图2.3　数据传输分析模块功能结构图

数据传输分析模块功能架构图如图2.3所示，本模块需要提供的分析功能包括会话分析功能、主备链路切换识别功能、突发流量检测功能和脚本扩展功能。因此本模块内部设计了会话分析子模块、主备链路切换识别子模块、突发流量检测子模块和脚本扩展子模块。

底层流计算分析平台的数据适配节点、拓扑读取模块和定时器模块为数据传输分析模块提供有力的功能支持，本文在设计数据传输分析模块时，不再对这些模块的功能进行解释，仅针对模块自身的上层业务逻辑进行设计。

三、自动化控制与优化

轨道交通电控系统指的是实时控制车站内的机械配电、车站的事故风机及风阀、公共区域的通风设施及风阀、设备用房的排风机及风阀等电动设备。中间继电器是我国轨道交通建设初期运用最为广泛的信号逻辑的控制器件，它的缺点是线路颇为复杂且维修难度系数大，同时继电器易于老化的特点，使得自动化控制系统的一系列工作都缺乏一定的可靠性和维护性。有的继电器难以优化并且事故风机的联动信号经常在联动反馈信号中出现数据偏差，导致联动事故风机无法正常开启并维持正常工作。

PLC自动化控制系统是一种新型的工业化自控装置，它不仅取代了传统意义上的普通控制系统，且它的抗干扰性较以往有了显著提升，高水平的机电一体化促使通信网络的功能日渐强大，也促使其在特殊的地理环境下能够如常应用。在轨道交通的电控系统中，运用PLC自动化控制系统，能够在各个环控电控室中进行独立显示和控制，还可以和车站控制室中的PLC自动化控制系统进行联网显示与控制。这一系统主要是在现场总线和以太网技术的基础上形成的。

轨道交通环控系统采用PLC自动化控制系统，不仅可以改善轨道交通环境、降低能耗、延长轨道交通公共设施的使用年限，更进一步获得了良好的社会效益和经济利益。为更好地发挥出系统的优势，研究人员必须考虑结合本地实际，优化设计并大力改进现行的自动化控制系统，为城市轨道交通发展做出重要贡献。

四、人机协同与智能决策

人机一体化协同决策是人和机器共同合作决策，这时计算机智能辅助决策程序完全设计成开放式的，使得人与计算机之间可以进行讨论，甚至争论，计算机和人都可以根据对方提供的信息对自己的决策做相应修正，最终达成共识，得到决策结果。至于最终结果是来自人还是来自计算机，这并不重要，因为这是人和计算机共同进行讨论的结果。这种决策方式的全面实现还有赖于机器对人类语言理解的进一步提高。

在人机共商决策过程中，重要的是人和机器两者之间的决策既有分工又有协作，一方面通过人机决策完成任务分配，将适合机器做决策的任务交给机器去做，将适合人做决策的任务交给人去做，两者在共同决策过程中相互取长补短，也可以对一些问题进行人与机器的共同决策。最终，在对一些问题进行全面的评估之后，得出更为合理的结论。因为人与机器在解决问题的思路、方法、侧重点上存在着差异，比如，机器的决策是基于知识库中的人类过去的经验、知识，还有在模型库中建立的数学模型。而人的决策则是根据个人的经验和当下的现实状况等得出的。因此，将人类智慧与机器智能相结合进行人机协同决策，可以提升决策的可靠性。

众所周知，人类的知识、智慧通常都是通过语言来表达的，所以要将人类的知识、智慧和计算机的功能融合在一起，最好能做到人和机器之间能够直接用语言进行交谈，但是由于目前语音识别技术和语音合成技术还尚未达到如此高的境界，所以在目前技术条件下，人机之间的交流还只能以键盘输入和屏幕显示为主。当然，随着多媒体技术和临境技术的不断发展，人类和机器之间的交流会变得更加自然。

第三章 轨道车辆智能制造的关键技术一：传感与感知技术

第一节 传感与感知技术的基本概念与分类

现代轨道交通系统包括大量的以计算机处理技术为核心的各种自动化控制系统，如电梯系统、自动售检票系统、宽带接入服务器、火灾自动报警系统、安全门系统、给排水系统、低压配电与照明系统、人防系统和供电系统管理自动化等九大系统，这些机电控制系统发挥各自不同的作用，在控制中心的统一指挥和控制下，确保城市轨道交通系统正常运营。而大规模的自动化测试装置的使用，是保障这些系统及设备正常运转的前提。不管是宽带接入服务器、火灾自动报警系统，还是各种机电设备，都离不开检测技术。因此，本书提出了一种基于信号处理的轨道交通信号检测方法。其中，传感单元是整个探测系统的关键，也是探测技术实施的前提。不同类型的传感器在各个类型的机电控制系统中的广泛使用，能够实时、准确地监测各个过程参数与工作状态，为各种控制系统长出"眼睛"，从而能够根据预定的控制策略与要求，需要对各个机电控制系统进行精确控制与精确调整，以达到控制要求，确保列车的正常运营与安全。

一、传感与感知技术的基本概念

传感器是构成物联网的"眼睛"，是构成物联网的最基础单位。当系统的某个状态发生变化时，传感器能够及时地检测到，并向其他器件发出相应的信息，从而使器件的工作状态发生变化。

国家标准GB7665-87中对传感器的定义是：能感受规定的测量并按照一定的规律转换成可用信号的器件或装置。通常由敏感元件和转换元件组成。

这说明了：

1. 传感器是一种能够实现信号采集的测量设备；

2. 传感器的输入量是一个特定的量，可以是一个物理量，也可以是一个化学量，一个生物量等等；

3. 传感器的输出的是一个便于传送、变换、加工和显示的物理量，这个量可以是气体、光或电量，更多的是电量；

4. 输出与输入之间应该有稳定的单值函数关系，且应有一定的精确度。

广义地说，传感器是指将被测量（一般为非电量）转换为另一种与之有确定对应关系并便于测量的量（一般为电量）的器件，它又叫探测器、换能器等。如温度、压力、流量等典型非电物理量通过相应的传感器都可以变换为标准电流信号（一般为0~10mA或4~20mA）或者标准电压信号（一般为0~5V或1~5.V），可以用图3.1所示的框图简单表示。

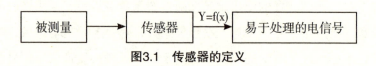

图3.1　传感器的定义

二、传感与感知技术的分类

目前对传感器尚无一个统一的分类方法，但比较常用的有如下三种：

1. 按传感器的输入量（即被测量）进行分类

按输入量分类的传感器以被测物理量命名，如位移传感器、速度传感器、温度传感器、湿度传感器、压力传感器等。这种分类方法通常在讨论传感器的用途时使用。

2. 按传感器的输出量进行分类

根据其输出的大小，可以将其划分为两种类型：模拟式传感器输出的是模拟信号，而数字传感器的输出则是以离散的数字形式表示。

目前，模拟传感器应用广泛，现在设计的测控系统往往要用到微处理器，因此，通常需要将模拟式传感器输出的模拟信号通过模/数转换器转换成数字信号；数字传感器输出的数字信号便于传输，具有重复性好、可靠性高的优点。虽然数字式传感器的种类还不太多，但却是一个重要的发展方向。

3．按传感器的工作原理进行分类

传感器按其工作原理（物理规律、物理效应、半导体理论、化学原理等）可划分为电阻式、电容式、电感式、压电、磁、热电、光电等。当对传感器的操作进行讨论时，一般采用这一分类方法。

在这些方法中，最常用的是根据输入量和工作原理对传感器进行分类。

第二节　轨道车辆智能制造中的传感与感知技术应用案例

一、传感与感知技术在机械制造中的应用案例一

光纤光栅传感技术是在光纤通信和光纤传感的基础上发展起来的一种新型的传感技术，与传统传感技术相比具有独特的无法比拟的特点。它本质是非电测量，适合对易燃、易爆等危险物品进行检测。

光纤光栅传感技术的核心是布拉格光栅，该方法的核心思想是利用光栅周围的温度、应变、应力等参数的改变，使布拉格光栅的频率或光纤的折射率发生改变，从而导致布拉格光栅的信号波长发生改变，对波长的偏移进行检测，就可以得到待测物性参数的变化。从光纤光栅传感器的基本工作原理可知，它传递信号的载体是被调制的波长，这不但使它测量信号不受光源起伏、光纤弯曲损耗、连接损耗和光源元器件老化等因素的影响，而且避免了一般干涉型传感器中相位测量不清晰和对固有参考点的需要。如图3.2为光纤光栅传感器，根据其特点在轨道车辆制造装备行业主要

有下列三种应用。

1. 烘干炉光纤光栅网络分布测量。利用光纤光栅传感器便于分布测量的特点，在烘干炉内铺设4条光纤，可形成数百个测量点，从而构成一个测温网络，可清楚地掌握炉内温度场的分布情况，根据温度场的分布情况，有针对性地对温度或搅拌风力进行控制，使炉内温度分布均匀，提高产品质量。另外，光纤光栅传感器使用寿命长，已有连续使用10年的记录。

图3.2　光纤光栅传感器

2. 光纤光栅传感器对悬链、板链载荷状况连续监测。悬链、板链是轨道车辆生产中物料传输的重要装备之一，多年来链条卡、断、脱轨等故障经常给生产带来影响。扭转这种局面的途径是动态监测链条在工作时的载荷状态，但一直没有理想的传感器件能适应链条在工作时的恶劣环境。光纤光栅传感器的出现弥补了空白，只需一条和链条等长的光纤就可形成数十或数百个载荷测量点，当链条运行时各载荷点随链运行，各点载荷情况可清楚地掌握，对异常点及时处理可杜绝链条卡、断、脱轨故障的发生。

3. 冲锻压设备使用光纤光栅传感代替应变传感进行吨位监测。吨位监测的传统传感技术是应变计技术，应变计从本质上来说具有抗电磁干扰能力差、抗环境干扰能力差、怕潮怕热、怕脏怕油、使用年限短、各应变计阻值离散要求严等缺点。多年来的实践也充分证实了以上缺点给应用带来的诸多困扰，吨位指示器不能稳定地长期工作。最重要的一点是作为吨位指示器对于大吨位标定困难，导致工作的吨位指示器所示吨位也只具有参考价值。如果利用光纤光栅技术作为吨位指示器可从本质上克服导致应变计不能稳定工作的诸多环境因素，还可利用光栅无需现场标定的特性，避开大吨位指示器无法标定的致命缺陷，使吨位指示器能真实反映设备工作时所受载荷及偏载状态。

二、传感与感知技术在机械制造中的应用案例二

在机械加工领域，为了达到检测和自动化的目的，必须采用传感器技术。在机械加工试验系统中，传感器被用作辅助仪器，它的基本特点是能够精确地传递和探测某种形式的信息，并把它转化为其他形式的信息。具体来说，传感器就是一种元件或设备，它能够感知（或者感应）和检测被测量物体的某种特定的信息，并且通过某种规则将这些信息转化为相应的可输出信号。若不能准确、可靠地采集并转化所需的原始数据，则所有精确的检测和控制就不可能实现；如果不能得到精确的（或者是正确的）和不失真的输入，就算是最先进的电脑，也不能完全实现它的功能。

切削加工过程感知探测的目标是实现加工效率、加工成本或（金属）材料去除率的最大化。切削过程中切削力及其变化规律、切削震动、刀具—工件接触与切削切屑形态识别等是切削过程感知与识别的关键，在机床工作的过程中，驱动系统、轴承和回转系统、温度监控与控制以及安全性能等是其主要的感知和探测对象。

图3.3 黏度传感器的工作状况

图3.3所示是采用声波原理制成的黏度传感器，该传感器可对各主要机

械设备的冷却液黏度进行实时在线检测，保证产品质量。在理想介质中，声波的衰减只能由声传播引起，也就是说，随着传播距离的增加，其能量会逐渐降低。结果表明，在具有不同黏性的液体中，声能的衰减可以用黏性的直接改变来表示。

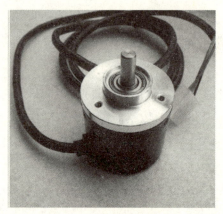

图3.4　光电编码传感器

图3.4所示是用于检测机床加工速度和位置的光电编码传感器，简称编码器。这是一种感测器，由光电转换，将在输出轴处的机械结构位移量，转变为讯号或数位讯号。它是一种新型的光电编码器，是一种以光栅为基础的光电探测器件。光栅圆盘是一种均匀开有多个矩形孔的圆盘。因为光电码盘和电机在一个轴线上，所以当电机转动时，光栅圆盘也跟着电机以同样的速度转动，在探测设备中，对几个脉冲信号进行探测，并将其输出的脉冲信号进行计数，可以将目前的机床驱动电机的转速显示出来。

三、传感与感知技术在机械制造中的应用案例三

在机械加工领域，复合视觉系统已成为一种较为成熟的自动化检测系统。相对于光感测器、视觉感测器给予机械设计师更多的空间，过去必须使用多个光感测器，而目前仅需单一感测器便可侦测。视觉传感器可以探测更大范围的物体，在加工过程中具有更好的定位和方位柔性，因此在一些依赖于光传感器的领域具有广阔的应用前景。

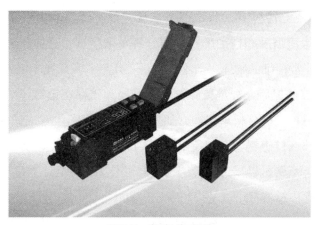

图3.5　颜色传感器

图3.5是美国AB公司的ColorSight9000系列颜色传感器，该传感器还具备自主学习能力，能够对工件的色彩进行主动识别。色敏元件主要用于颜色辨识，即判定待检工件的色彩与预期的色彩是否相符。色彩传感器可粗略地了解被测量色彩的色度等，但是，与分光器不同，它不能用来测定色度的绝对值。颜色传感器因具备色彩辨识能力，可广泛应用于机械制造业等领域。在任何与色彩有关的产业中，都可以考虑采用颜色传感器。这种局面对设备制造商而言也是一个机遇。只要利用好了，完全可以做出不可思议的东西。事实上，只要厂商提出一个概念，颜色传感器就可以成为决定产品优劣的关键。

图3.6　视觉传感器

图3.6为视觉传感器,从原理上来说,视觉传感器由成千上万个像素组成,其图像清晰度和精细度一般用分辨率来度量。这样,感应器就可以"看到"到非常精细的物体,而不管它是在几米或者几厘米之外。

当影像被捕捉后,视觉传感器会把影像和储存在记忆体中的标准影像相比对,然后再进行分析。比如,如果将视觉传感器设置成识别8个螺钉的机械零件,那么传感器就会判断出仅有7个螺钉或螺钉不对齐的零件并将其剔除。而且,不管机器零件在传感器视野的什么地方,不管零件是不是360度转动,视觉传感器都可以进行判断。

第三节 传感与感知技术在轨道车辆智能制造中的挑战与发展方向

一、传感与感知技术在轨道车辆智能制造中的挑战

智能感知技术包含了很多方面,包括研发、设计、制程、封装、工艺过程、软件、芯片及解决方案和应用等。各个方面的发展情况如下:

1. 在研发方面,目前国际上主要采用校企合作、联合研发的开发方式,公司可以通过与高校、科研院所建立稳定的合作关系,实现资源共享,从而得到稳定的研发技术支撑。

2. 在设计方面,由于目前我国在这一领域还没有完全突破技术壁垒,所以芯片的自主设计仍存在一定的挑战。

3. 在制程方面,技术的核心在于制程,对制程要求较高、投资较大。目前中芯半导体等国内领先厂商虽然硬体技术已经与国际接轨,但尚未达到量产制程规范,因此多数厂商均以代工为主。

4. 在封装方面,我国企业在这一环节的占有率很高,但由于MEMS三维微型化的结构比IC封装要复杂得多,所以在保证工艺要求的前提下,很难兼顾成本。

5．在工艺过程方面，工艺过程是指工艺过程的生产可行性。成本控制和预测缺陷出现的可能性，是最重要的工艺过程。

6．在软件、芯片及解决方案等领域，国内软件领域仍有"卡脖子"现象。另外，在芯片领域，近年来，在解决方案上取得了一定进展，在基于物联网的新兴应用领域，国内企业也取得了一定的突破。

7．在应用方面，智能感知技术具有广阔的应用前景和广阔的市场前景。以华为为首的消费类电子企业具有较高的创新意识和较好的资源整合能力，具有较强的未来发展潜力。

随着智能感知技术的不断发展，根据实际需求，智能感知系统将向高精度、小型化、高可靠性、低能耗、网络化、低成本的方向发展，并在多个维度上提出了新的挑战。

1．高精度：智能化制造需要设备实现自动控制，但其精度与灵敏度受到设备自动化水平的限制，因而，持续提高测量精度是其发展的根本方向。

2．小型化：随着传统工业生产的升级，以及对传感器轻质化、便捷维保等方面的要求越来越高，智能传感器在满足基础性能的前提下，持续减轻重量和体积，已成为行业发展的客观要求，小型化是未来发展的必然趋势。

3．高可靠性：随着信息的完备，感知技术的可靠性也会随之提升。在复杂工作环境中，为了满足高精度的数据获取与稳定传输的要求，工业发展对传感器的可靠性要求也会不断提升。

4．低能耗：当前大部分的智能传感器工作在主动工作状态，但是在无能源工作环境中，特别是在没有电网覆盖的高山、深海、太空等复杂的环境中，单靠太阳能或者燃料电池的供电能力不足以保障高功率传感器的长期稳定工作，所以，低能耗乃至被动式感知也是智能传感技术发展的一个重要方向。

5．网络化：当前许多智能感知技术在无复杂的电路支持下，只能通过视觉判断或近处观察触发传输，缺少高效的信息传输机制。而网络化的智能传感器能够实时传递、方便地存储数据，避免了传统的手工操作和数据畸变，这是未来智能感知技术发展的一个重要方向。

6. 低成本：随着智能感知技术种类的不断完善，其性能已经达到了工业的基本需要，想要大规模生产并广泛应用，就必须要有高质量的智能感知技术，同时还要有成本可控的能力，所以，在今后的一段时期内，降低成本、提高效率是一个重要方向。

二、传感与感知技术在轨道车辆智能制造中的发展方向

感知技术的科学运用是轨道车辆智能制造性能提高的基础，为适应智能设备日益复杂多变的应用要求，基于同一类型的智能传感器集群应用、多传感器联合应用、新场景下的应用，是未来智能感知技术的发展方向。

1. 同类智能传感单元的函数聚集效应。在单个传感器不能达到特定的要求时，可以采用同一种类型的智能传感器进行组合，使轨道车辆智能制造能够完成特定的任务。比如在轨道车辆的各个角度放置多台感应雷达，则可以达到定位的聚合效果，便于司机在进行周围障碍检测的时候进行检测。所以，将类似的传感器集成在一起，将会成为未来智能传感器的重要发展方向。

2. 各种智能传感器在功能上的互补性。智能装备（系统）通常具有多样化、多层次的信息传输需求，可以利用不同种类的智能传感器为其提供丰富的感知能力。例如，通过对视觉、触觉、位置等多种信息的同步设计，使其能够对外界环境进行全方位的感知与判定，并通过多种智能传感器的支持，使其对外界环境的感知更加完备。在未来，像机器人一样的智能系统，将会采用更多类型和更精准的传感器保证轨道车辆智能制造的精准与高效率。

3. 将智能传感技术与传统设备或系统相结合，赋予它们丰富的传感功能，完成对传统设备的智能化升级。传统传感器已不能适应智能家居、无人驾驶和人工智能机器人等领域，需要将智能感知技术嵌入到现有的传统感知中，以满足与当前技术的需求。例如，将智能距离传感器和清扫机相结合，可以实现避障功能；而具有网络特性的传感器，则是利用物联网技术，与手

机APP进行通信连接，从而达到对家庭设备进行遥控操作的目的，让人们的生活变得更方便。此外，将加速度、角度等信息采集、传输与分析的网络智能感知技术嵌入到车辆中，可在车辆发生侧翻、横漂等非正常情况时进行主动保护，并在主动保护失败的情况下，立即发起远程救援，最大限度地保障人车安全。在此基础上，面向多个功能输出的应用场景将更加专业化和精细化，为更具普适性和专业化的智能感知应用提供了可能。

　　近几年，我国智能传感市场的需求增长迅猛，必将带动整个轨道车辆制造行业快速发展。但是，我们也要清醒地认识到，国内大部分的轨道车辆智能传感器都只能满足中低端的需要，在新产品的开发上还存在着一定的不足；高科技产品的数量也很少，并且在智能化、数字化和小型化方面还需要进一步提升；在高端市场上，还需要进一步提升。从产业的结构来看，传统的产品占据了60%，而基于流动、压力、位移、温度和指纹的智能感知技术已经比较成熟，但在新产品的研究和开发方面却存在着一定的不足。

第四章 轨道车辆智能制造的关键技术二：
数据处理与分析技术

第一节 数据处理与分析技术的基本概念与方法

一、数据处理的基本概念

数据，是对事实、概念或指令的一种表达形式，可以通过人工或自动化设备进行处理。数据处理，即对数据的采集、存储、检索、加工、变换和传输，是系统工程和自动控制的基本环节。在现代社会，数据处理技术已经渗透到生产、生活的各个领域，其发展与应用的广度和深度，对人类社会的发展进程产生了巨大影响。

数据处理的核心目标是将有价值、有意义的数据从海量、混乱、难以理解的数据中提取出来。早期的计算机主要承担数据运算的任务，以替代人工计算，提高计算的精确性和效率。计算机的数据运算基于门电路特性，通过数学模型和逻辑计算理念，编写程序，然后将其输入计算机程序中。这样一来，计算机可以通过门电路和逻辑计算实现数据的高速运算。然而，早期的计算机数据运算仅代表数据处理能力，并未涉及运算速度的概念。

计算机数据处理的基本流程如图4.1所示。这一流程的每一个环节都至关重要，共同确保计算机能够高效地处理数据，为人们提供有价值的信息。随着科技的进步，数据处理技术将持续发展，其在各个领域的应用也将不断拓展，进一步推动人类社会的发展。

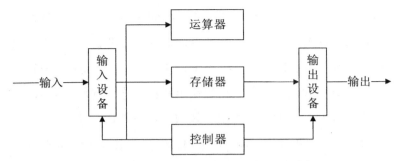

图4.1　计算机的数据处理的基本流程示意图

数据处理就是用计算机收集、记录数据，经加工产生新的信息形式的技术，数据处理涉及的加工处理比一般的算术运算要广泛得多。计算机数据处理主要包括8个方面。

1. 数据采集：将所需的信息进行采集。

2. 数据转换：把信息转换成机器能够接收的形式。

3. 数据分组：将有关信息按指定编码进行有效的分组。

4. 数据组织：整理数据或用某些方法排列数据，以便进行后续处理。

5. 数据计算：进行各种逻辑运算，以便得到进一步的信息。

6. 数据存储：将原始数据或计算的结果保存起来，供以后使用。

7. 数据检索：按用户的要求找出有用的信息。

8. 数据排序：把数据按一定要求排序。

数据处理的过程大致分为数据的准备、处理和输出三个阶段。在数据准备阶段也可以称为数据的录入阶段。数据录入以后，就要由计算机对数据进行处理，为此用户要预先编制程序并把程序输入到计算机中，计算机是按程序的指示和要求对数据进行处理的。所谓处理，就是指上述8个方面工作中的一个或若干个的组合。最后输出的是文字和数字的表格或报表。

有不同的专业工具来对数据进行不同阶段的处理。在数据转换部分，有一些专业的ETL工具可以帮助用户完成数据的提取、转换和加载，其中包括Informatica和开源的Kettle等工具。在数据存储和计算部分，我们可以使用数据库和数据仓库等工具。另外在大数据环境下，列式数据库也得到了快速的发展。在数据可视化方面，我们需要对计算结果进行分析和展示，这时候可以使用一些工具，比如BIEE、MicroStrategy等。至于数据处理软件，则有Excel、MATLAB和Origin等软件可以选择，而在目前流行的图形可视化和数据分析软件方面，我们可以选择MATLAB、Mathematica和Maple等软件。这些软件具有强大的功能，可以满足科技工作中的许多需求，但是使用这些软件需要有一定的计算机编程知识和矩阵知识，并且需要熟悉其中大量的函数和命令。而使用Origin这类软件就像使用Excel和Word一样简单，只需要简单的鼠标操作，选择菜单命令就可以完成大部分工作，并且轻松地获得满意的结果。

在大数据时代，面对大量数据和异构数据等多种问题，我们需要解决数据处理的难题。Hadoop是一个由Apache基金会开发的分布式系统基础架构。通过Hadoop，用户可以开发分布式程序，而无需了解分布式底层细节。Hadoop充分利用集群的计算和存储能力，实现了高速的运算和存储。它提供了一个分布式文件系统，其中一个组件就是HDFS。HDFS具有很高的容错性，并且设计用于廉价硬件。此外，它还提供了高传输速率来访问应用程序的数据，非常适合那些有着大规模数据集的应用程序。

智能制造系统中的数据采集功能已经实现了实时化，这改变了传统工业自动化控制系统对设备数据传输和管理的方式。现在，信息被视为节点并纳入到企业信息化管理中，形成了一个数据信息系统。这个系统能够准确、实时地传输、分析和存储数据，从而帮助管理层和执行层进行信息的交流和协作。

实时数据采集系统是对传统工业自动化控制系统的进一步发展。通过采用实时数据采集系统，智能制造系统实现了生产设备的联网，构建出车间生产现场综合数据的交换平台。这个平台能够采集、传递和分析设备状态、车间工况、生产数据等信息，最大程度地满足智能工厂中的生产管理需求。此外，它还实现了生产管理的大数据存储和云计算功能。

实时数据采集系统在智能制造中的作用非常重要。通过实时数据采集系统的应用，智能制造系统能够提升设备利用率，最大限度地压缩辅助工时等。此外，它还能够对传统制造系统中的生产设备进行集成，实现企业生产过程的数字化、信息化和智能化。因此，MDC系统是智能制造工作环节中的重要技术支撑，也是智能制造的基础之一。

二、数据分析的基本概念

数据分析是一种通过使用适当的统计分析方法对收集来的大量数据进行详细研究和概括总结的过程，以期从中提取有用信息、形成结论和发挥数据的最大功能。它的起源可以追溯到20世纪早期，但直到计算机的出现，数据分析才变得切实可行并得到广泛应用。数据分析是数学和计算机科学的交叉领域，它的发展和应用给各个行业带来了巨大的影响。

数据分析的目的在于从大量看似杂乱无章的数据中提炼信息，以便揭示研究对象的内在规律。通过数据分析，人们可以做出更准确的判断，促进业务发展和提高生产效率。在产品生命周期的各个阶段，包括市场调研、设计开发、生产制造、售后服务和最终处置等环节，都需要运用适当的数据分析方法。例如，在工业设计中，设计人员在开始一项新设计之前，通常会进行广泛的设计调研，分析所得数据以判断设计方向和要素，因此数据分析在工业设计中具有重要的地位。

数据分析从统计学角度来看，可以分为多个类型，包括描述性统计分析、探索性数据分析和验证性数据分析。其中，描述性统计分析是对收集来的数据进行汇总和整理，以便总结和描述数据集的特征和趋势。探索性数据分析旨在通过挖掘数据的潜在关系，发现数据中的新特性和趋势，为后续分析和决策提供支持。验证性数据分析则是通过应用统计推断和假设检验，验证或否定既有的假设，以得出准确的结论。

数据分析可以通过离线数据分析和在线数据分析两种方式实现。离线数据分析主要用于处理复杂且耗时的数据，这种方法通常需要在功能强大的计算机或云计算平台上进行。离线数据分析可以在用户需求不紧急的情况下进行，有更充分的时间和资源来深入研究数据，从而得出更准确和可靠的结论。而在线数据分析则更注重实时性，主要用于处理用户的即时查询和请求，要求软件快速响应。

商业智能领域的一些软件或平台如Excel、Cognos、Style Intelligence、MicroStrategy、Brio Intelligence、BO和Oracle等，提供了集成的数据分析功能。这些软件或平台提供了丰富的工具和功能，如直方图、相关系数分析、协方差矩阵计算、概率分布模型、抽样和动态模拟、均值推断、线性和非线性回归分析以及移动平均等，帮助用户更好地理解和分析数据。商业智能领域的软件或平台能够通过数据可视化和交互式分析，将复杂的数据转化为易于理解和决策的形式，为企业决策提供支持。

三、数据处理与分析的方法

数据处理，依据处理设备的构建方式、运作模式以及数据在时空中的分布形态的不同，展现出多种不同的处理方式。每一种处理方式对硬件和软件的需求各不相同，且各自具有独特的特点。选择适合的处理方式，需紧密结合实际应用环境的特性。数据处理主要包含以下四种分类：

1. 联机处理与脱机处理：这是根据处理设备的连接方式来区分的。联机处理方式要求设备和主机实时连接，而脱机处理则允许设备在无主机连接的情况下独立工作。

2. 批处理、分时处理和实时处理：这是根据数据处理时间的分配方式来划分的。批处理是将任务积累到一定数量后一次性处理；分时处理则是将处理时间划分为多个小段，轮流为多个用户服务；实时处理则要求系统对输入的数据立即做出响应。

3. 集中式处理和分布处理：这是依据数据处理空间的分布方式来区分的。集中式处理是将所有数据集中在一台或多台紧密耦合的计算机上进行处理，而分布处理则是将数据分散到多个地理位置的计算机上进行处理。

4. 单道作业处理、多道作业处理和交互式处理：这是根据计算机中央处理器的工作方式来划分的。单道作业处理一次只能处理一个作业；多道作业处理则可以同时处理多个作业；交互式处理则允许用户与计算机进行实时交互。

　　数据处理是对各种数据（包括数值和非数值的）进行分析和加工的技术过程，其范围比数据分析更为广泛。这个过程包括对各种原始数据的整理、分析、计算、编辑等操作。随着计算机的普及，通过计算机进行数据处理在信息管理领域已经成为主流方式。

　　数据分析的方法有许多种，其中列表法和作图法是最普遍也是最有效的两种方法。

　　1. 列表法。将数据按照一定的规律以列表形式展示，是记录和处理数据最常用的方法。设计表格时，需要确保表格间的对应关系清晰明了，以便于发现各个量之间的相关性。同时，标题栏中应注明各个量的名称、符号、数量级和单位等信息。根据需要，还可以在表格中列出除原始数据以外的计算栏目和统计栏目等内容。

　　2. 作图法。作图法可以最醒目地表达各个物理量间的变化关系。从图像上可以简便求出实验需要的某些结果，还可以把某些复杂的函数关系，通过一定的变换用图像表示出来。图表和图形的生成方式主要有两种：手动制表和用程序自动生成，其中用程序制表是通过相应的软件，例如SPSS、Excel、MATLAB等。将调查的数据输入程序中，通过操作这些软件，得出最后结果，结果可以用图表或者图形的方式表现出来。图形和图表可以直接反映出调研结果，这样大大节省了设计者的时间，帮助设计者更好地分析和预测市场所需要的产品，为下一步的设计做铺垫。同时这些分析形式也运用在产品销售统计中，这样可以直观地反映出最近产品的销售情况，并可以及时地分析和预测未来的市场销售情况等。所以数据分析法在工业设计中运用非常广泛，而且是极为重要的。

　　数据分析通常包含以下三个步骤：探索性数据分析，用于初步了解数据并探索可能存在的规律；模型选定分析，基于探索性分析的结果选择合适的模型；推断分析，使用统计方法对所选模型进行验证和评估。这些步骤在工业设计中有着广泛的应用，能够帮助设计师更好地理解和预测市场需求，从而指导产品设计。综合分析以上内容，我们可以得出数据分析与处理方法的主要步骤如下：

1. 数据采集

在大数据采集过程中，高并发是其主要特点之一。由于同时有大量用户访问和操作，例如火车票售票网站和购物网站等，它们的并发访问量在峰值时可以达到上百万，需要在采集端部署大量数据库来支撑这种高并发访问。如何在这些数据库之间进行负载均衡和分片也是需要深入思考的问题，为了解决这些问题，可采用如分布式数据库、负载均衡算法等的技术手段，以确保大数据采集的稳定性和高效性。

2. 数据统计与分析

统计与分析主要利用分布式数据库或计算集群对大量数据进行常规的分类汇总、分析等操作，以满足常见的分析需求。对于实时性需求，可以使用EMC的Greenplum、Oracle的Exadata，以及基于MySQL的列式存储infobright等工具。对于批处理或基于半结构化数据的需求，可以使用Hadoop。统计与分析的主要特点是分析涉及的数据量较大，因此对系统资源，特别是I/O的占用较大，这是其主要挑战之一，可采用优化查询、分布式存储等技术手段来解决这个问题，以提高系统的性能和效率。

3. 数据导入、预处理

虽然采集端本身拥有多个数据库，但为了对大量数据进行有效的分析，建议将来自前端的数据导入到一个集中的大型分布式数据库或分布式存储集群中。在此过程中，可以对数据进行一些简单的预处理工作。另外，有些用户会选择使用Twitter的Storm对数据进行流式计算，以满足部分业务的实时计算需求。导入与预处理过程的主要特点和挑战是导入的数据量较大，每秒钟的导入量经常达到百兆甚至千兆。因此，需要采用高效的数据导入和预处理技术，以确保数据的准确性和处理效率。

4. 数据挖掘

与统计和分析过程不同，数据挖掘通常没有预先设定的主题，而是在现有数据上进行基于各种算法的计算，以实现预测效果，满足高级数据分析需求。典型算法包括用于聚类的K-Means、用于统计学习的SVM以及用于分类的Naive Bayes。主要使用的工具包括Hadoop的Mahout等。该过程的特点和挑战在于挖掘算法复杂，涉及的数据量和计算量大，而且常用的数据挖掘算法以单线程为主。因此，需要采用高效的数据挖掘算法和并行计算技术，以应对大规模数据处理和复杂计算的需求。

数据分析与处理方法的四个主要步骤包括数据采集、数据统计与分析、数据导入、预处理以及数据挖掘。每个步骤都有其特定的特点和技术挑战，需要针对具体情况进行深入研究和应用。

随着全球经济和科学技术的不断发展，信息技术和互联网技术的进步速度已经超越了人们的想象。科技的飞速发展不仅推动了数据量的爆炸性增长，而且引领我们进入了一个全新的时代——大数据时代。在这个时代里，信息技术和其他先进技术对社会的各个层面，包括人们的生活、工作、学习等方面产生了深远而广泛的影响。

大数据时代的到来，给信息处理技术的发展带来了新的方向，数据和网络的安全性受到了前所未有的重视。这是因为随着数据量的增长，数据泄露和网络攻击的风险也随之增加，因此保障数据和网络的安全性成了重中之重；云计算技术得到了广泛的发展和应用，云计算以其强大的计算能力和灵活的资源配置方式，为大数据的处理和分析提供了有力的支持；物联网技术也开始在多个行业中得到应用，通过将物理世界与数字世界相连接，物联网为大数据的收集和分析提供了新的途径。大数据时代的到来也为信息处理技术的发展带来了机遇和挑战。一方面，信息处理技术越来越受重视，这为相关技术的发展提供了广阔的空间和丰富的资源。另一方面，对数据和信息安全性的要求也越来越高，这需要我们在技术上不断创新和完善，以确保数据和信息的安全。

此外，行业对专业人才的需求也变得更加迫切。为了应对大数据时代的挑战和把握其中的机遇，我们需要培养更多的专业人才，他们不仅需要具备专业的技术知识，还需要具备创新意识和跨界思维，以适应这个不断变化的时代。

第二节　轨道车辆智能制造中的数据处理
与分析技术应用案例

　　轨道智能制造是指利用先进的技术和理念，通过自动化、智能化的手段，实现轨道交通行业的智能化和高效化发展。在数据处理与分析中，轨道智能制造可以通过应用自动数据采集和智能算法来实现。轨道智能制造还可以通过集成自动化系统来实现自动化生产、质量控制、制造资源管理等功能，提高生产效率和产品质量。

　　目前，多个轨道车辆制造工厂已经应用了轨道智能制造，包括武汉的轨道交通制造企业、中国铁路广州局集团有限公司、中国汽车技术研究中心有限公司等多家企业和工厂建立了数字化车间。

一、数据处理与分析在轨道车辆智能制造中的应用案例一：智能工厂

　　车辆检修是保障轨道交通安全运营的重要基础之一。地铁车辆的正常功能得到维护与保养，市民乘客的安全才能被保障。

　　为此，成都轨道集团联合中车四方、中车长客等产业链头部企业，建设了总面积超过8万平方米的西部地区首个具备城轨A型电客车自主检修能力的维保基地——轨道装备智慧工厂，如图4.2所示。

图4.2　轨道装备智慧工厂

　　建成的跨平台车辆转向架检修生产线如图4.3所示，在国内首次实现兼容检修A型、B型地铁和时速140公里—160公里市域列车的车辆转向架；同时，车辆齿轮传动系统生产线也可以跨品牌维修，极大提高了检修兼容性。

图4.3　整车检修生产线

　　数字系统让信息共享，让检修更智慧。智慧工厂率先引入了城轨检修系统、产线数字化系统等生产管理系统，如图4.4所示，打通了生产制造各环节数据链接，实现了车辆检修采购、生产等各环节的信息共享，全面提高了生产的智能化水平。

图4.4　转向架数字化集成生产线

　　智慧工厂与地铁轨道公司实现资源共享。也就是说，地铁车辆可以直接驶入智慧工厂，不用被拆分之后再运往检修工厂，每年可以节约近5%的车辆运输成本。如图4.5所示是转向架检修现场。此外，结合陆续建成投产的车辆整车、车门、齿轮箱、转向架、空调等检修线路，使车辆检修前后端工艺流程衔接更紧凑，整车检修效率提高8%。

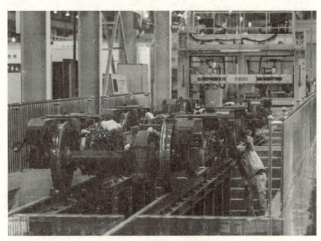

图4.5　转向架检修现场

　　在轨道车辆智慧工厂当中，数据分析处理应用在许多方面。

1. 生产进度分析

　　数据分析可以实现对轨道车辆数字工厂生产进度的全面了解，通过收集和分析生产数据，可以实时了解生产线的运行情况，掌握每个生产环节的进度，及时发现并解决生产过程中的问题。通过趋势预测，可以预测出可能出现的问题，及时调整生产计划和资源分配，提高生产效率和产品质量。通过对生产数据分析，可以优化生产流程和工艺，减少生产成本，提高企业的竞争力。

2. 质量控制

数据分析在质量控制方面发挥着重要作用，通过对产品质量检测数据进行挖掘和分析，可以及时发现产品的问题，掌握产品的质量状况和变化趋势。通过建立质量标准和模型，可以对产品的质量进行定量评估和预测，从而实现对产品质量的全面掌控。通过数据分析，可以找出影响产品质量的因素，制订有针对性的改进措施，提高产品质量和客户满意度。

3. 设备利用率

数据分析可以帮助提高轨道车辆数字工厂提升设备利用率，通过对设备运行数据进行收集和分析，可以了解设备的实际运行状况和性能，及时发现和解决设备的故障和问题。通过趋势分析，可以预测出设备的维护需求和更换周期，制订合理的设备维护计划和采购计划，减少设备闲置和浪费的情况。通过数据分析可以优化设备的运行方式和工艺参数，提高设备的运行效率和产品质量。

4. 人力资源配置

数据分析可以帮助优化轨道车辆数字工厂的人力资源配置，通过对人员考勤、工作负荷、绩效评估等数据进行分析，可以了解员工的工作状况和表现，及时发现和解决人员分配方面的问题。通过分析可以预测出人员的需求和缺口，及时调整人员配置和招聘计划，提高人员利用率和工作效率，优化人员的工作流程和任务分配，提高员工的工作满意度和工作质量。

5. 成本控制

数据分析对控制轨道车辆数字工厂的成本有帮助。通过对各项成本数据进行收集和分析，可以了解企业的成本结构和变化趋势，及时发现和解决成本方面的问题，及时调整成本控制措施和预算计划，降低成本并提高效益，优化企业的成本管理和核算方式，提高成本控制的准确性和效率。

6. 安全性评估

数据分析可以帮助轨道车辆数字工厂进行安全性评估。通过对安全事故数据的分析，可以了解企业的安全状况和风险点，及时发现和解决安全方面的问题。通过趋势分析可以预测出可能出现的安全风险和事故类型，及时采取安全措施和防范措施，保障员工的人身安全和企业财产安全，通过分析数据可以优化企业的安全管理体系和应急预案，提高安全管理的效率和效果。

7. 交货期预测

数据分析可以预测轨道车辆数字工厂的交货期，通过对生产计划、库存状况、物流配送等数据进行分析，可以了解产品的生产和配送情况，及时发现和解决交货方面的问题，可以预测出产品的生产和配送进度和时间点，及时调整生产和配送计划，确保按时交货和提高客户满意度，优化产品的生产和配送流程和管理方式，提高交货期的准确性和效率。

8. 市场营销策略制订

运用数据分析可为轨道车辆数字工厂制定更加精准的市场营销策略。通过对市场数据进行收集和分析，包括市场需求销量、竞争对手情况等信息，可以了解市场的最新动态和发展趋势，帮助企业做出更加科学合理的决策。同时也可以通过对客户行为进行挖掘和分析，了解客户的需求和偏好，从而制订更加精准的营销策略，提高市场占有率和增强企业竞争力。

9. 客户满意度调查

数据分析可以通过对客户反馈数据的收集和分析，制订相应的客户满意度调查表，帮助企业了解客户的需求和期望，及时发现和解决客户的相关问题，也可以帮助企业识别潜在的客户需求，提升客户满意度。

10. 能源管理运用

数据分析可帮助轨道车辆数字工厂进行能源管理，通过对能耗数据的收集和分析以了解企业的能耗状况和发展趋势，及时发现和解决能源浪费的问题，也可以用来优化企业的能源使用方式和管理模式，以降低能源消耗成本，提高能源使用效率，减少环境污染，并提升企业社会责任和市场竞争力。

数据分析在轨道车辆数字工厂的应用非常广泛，可以提高企业的生产效率和质量水平，降低成本，增强生产安全性，提高客户满意度和市场竞争力，帮助企业做出更加科学合理的决策并实现可持续发展。

二、数据处理与分析在轨道车辆智能制造中的应用案例二：制造过程监测与控制

中车青岛四方机车车辆股份有限公司（以下简称"中车青岛四方"）选择了高速动车组的核心部件——转向架所在的车间作为实施目标，将关键制造环节的智能化作为核心任务，并以网络互联为基础，成功研发了适用于轨道交通装备行业的先进制造技术和装备。这些努力使得高速动车组转向架的智能制造得以实现。图4.6展示了该公司的生产车间。通过集成应用智能装备、智能物流、制造执行系统以及运营决策系统，该公司实现了转向架生产过程的优化控制、智能调度、状态监控和质量管控。这些措施加大了生产过程的透明度，提高了生产效率，提升了产品质量，并成功打造了生产效率高、产品质量好、制造柔性高且能够满足多品种并行生产以及个性化产品定制的转向架智能制造模式。

图4.6　中车青岛四方机车车辆有限公司生产车间

通过智能装备集成视觉识别技术，轴承检测、转向架落成工序实现轴

承自动抓取、转向架自动落成，生产效率提高约10%。这一创新举措使得原本烦琐而依赖人力的工序变得更加高效和准确。此外，基于传感器和工业网络，转向架螺栓扭矩、齿轮箱轴承温度、转向架关键尺寸检测等工序实现了检测结果在线实时监控、系统自动防错技术的全面应用。这种技术革新使得产品质量得到了更全面的保障，避免了因人为因素导致的误差和问题。通过这些技术创新，中车青岛四方的生产效率得到了显著提高，同时产品质量也得到了进一步提升。智能检测及装配装备的研制成功，不仅彰显了中车青岛四方在数字化转型方面的决心和实力，也为整个轨道交通装备行业的发展注入了新的动力。

轴承检测工序采用激光测试、视觉识别、振动频谱和大数据分析技术，配合智能装备应用，改变了传统人工检测、人工识别的缺陷以及人工装配方式，实现轴承故障诊断精准度提升60%、装配效率提升30%以上。

通过传感器采集轨道车辆制造过程中的数据，如温度、压力、振动等信息，对这些数据进行实时监测。通过数据分析，可以提前发现生产过程中出现的异常，并进行处理，避免由此引起的更大问题。

在产品制造过程中，对制造数据的处理与分析至关重要。这不仅有助于提升产品质量，还能优化生产效率、降低成本。在产品制造过程监测与控制中运用数据处理与分析，主要包括以下几个方面：

1. 数据分析与可视化

在制造过程中，通过收集和分析各种数据，如工艺参数、物料消耗、设备运行状态等，可以实时监测生产情况，发现问题并进行预警。数据可视化有助于直观展示数据信息，发现数据中的规律和异常，为改进生产工艺和流程提供依据。

2. 质量检测

通过数据处理与分析，可以对产品的质量进行精确控制。例如，利用统计学方法对产品参数进行分析，以评估其是否符合质量标准。同时，通过监测生产过程中的关键环节，可以对产品质量进行实时检测，及时发现并解决问题。

3. 生产效率分析

通过分析生产过程中的资源消耗、生产周期、库存等数据，可以评估企业的生产效率。通过找出生产瓶颈，可以有针对性地进行改进，提高生产效率、降低成本。

4. 设备维护与故障预测

基于对设备运行数据的分析，可以实现设备的预防性维护，降低设备故障率。通过监测设备的运行状态，可以及时发现设备故障的征兆，提前进行维修，避免生产中断。

5. 工艺流程优化

通过对工艺流程数据的分析，可以找出工艺流程中的问题，优化工艺流程，提高生产效率。例如，通过分析生产线的物料流动情况，可以发现物料滞留的环节，有针对性地进行改进。

6. 能源管理

通过对能耗数据的分析，可以找出能源浪费的环节，采取节能措施。例如，通过分析生产过程中的电力消耗数据，可以发现哪些设备的能耗较高，采取措施降低能耗。

7. 环境监测

在制造过程中，对环境的监测至关重要。例如，空气质量、温度、湿度等环境参数都会对产品质量和生产效率产生影响。通过数据分析技术，可以对这些环境参数进行实时监测和调控，确保生产环境的稳定。

8. 预测与决策支持

通过利用数据挖掘和机器学习等技术，可以对未来的生产情况进行预测，为决策提供支持。例如，通过对历史销售数据的分析，可以预测未来的销售趋势；通过对生产数据的分析，可以预测未来的生产能力等。这些预测结果可以为企业的战略规划和决策提供重要依据。

总之，在产品制造过程中运用数据处理与分析技术可以帮助企业提高产品质量、优化生产流程、降低生产成本、提高生产效率等。这些技术正在成为现代制造业的核心竞争力之一。因此，制造业应重视数据处理与分析技术的研发和应用，以不断提升自身的竞争力和发展水平。

三、数据处理与分析在轨道车辆智能制造中的应用案例三：智能质检与缺陷分析

中车青岛四方始建于1900年，是中国轨道交通装备制造行业的骨干企业，拥有全国重点实验室等国家级创新平台。中车青岛四方搭建了以总部、事业部、技术本部、制造本部为框架的扁平化组织结构，主要从事轨道交通客运装备的研发、制造和服务，产品包括高速动车组、城际及市域动车组、城轨地铁、高档客车以及时速600公里高速磁浮交通系统，形成了涵盖时速50公里到600公里的谱系化产品平台，整体水平居世界前列。

通过图像处理和数据分析技术，可以实现对轨道车辆的质量检测和缺陷分析。例如，通过图像识别技术，对轨道车辆的外观质量进行自动化检测，减少人工质检的工作量；同时，利用数据分析技术，对质检数据进行分析，找出生产过程中可能存在的问题和改进方案。在产品智能质检与缺陷分析中，数据处理与分析可以发挥重要作用。

图4.7　中车青岛四方质检线

中车青岛四方按照业务健壮化、过程显性化、数据互通化、改进自主化、决策科学化的工作思路，以信息化手段实现管理赋能。通过质量管理

信息系统、质量指挥中心、质量管理健康度评价系统等信息化系统建设，解决信息碎片化、渠道"梗阻化"、基础管理数据缺失、管理效率低下等较为突出的问题。打通产品信息收集、分析、反馈渠道，协同技术、制造、供应、服务价值链建设，实现信息的集中利用、成果的有效共享和管理的精细化。

数据处理与分析有助于提高产品智能质检的准确性和效率，同时帮助企业更好地进行缺陷分析和优化产品制造过程。数据处理与分析在智能质检与缺陷分析时会有以下方面的运用。

1. 数据预处理：首先，对收集到的数据进行清洗、整理和标准化处理，以便后续进行分析。这包括去除重复信息、处理缺失值、转换数据格式等。

2. 特征提取：从数据中提取与产品质量相关的特征，如尺寸、重量、颜色等，这些特征将用于构建质检模型和进行缺陷分析。

3. 模型构建：利用机器学习、深度学习等技术，构建产品质检模型。这可以通过训练算法，让模型学习了解产品的正常与异常状态，并生成分类或回归模型。

4. 缺陷检测：通过将待检测的产品图像或视频输入到质检模型中，模型会输出该产品是否异常或存在缺陷。对于图像数据，可以采用诸如卷积神经网络等技术进行缺陷检测。

5. 原因分析：如果发现缺陷，可以通过分析相关数据来确定缺陷产生的原因。这可能涉及对产品制造过程的数据进行回溯分析，以找出可能的问题点。

6. 优化建议：根据缺陷原因，提出改进产品制造过程的建议。例如，调整制造参数、改进工艺等。

7. 数据可视化：通过图表、图形等方式将分析结果呈现给用户，以便用户更好地理解数据和做出决策。

8. 持续监控：利用实时数据流进行持续监控，及时发现产品质量问题，并采取相应措施。

9. 性能评估：定期评估质检模型的性能，根据实际需求对模型进行优化和调整。

10. 知识库建设：将分析过程中获取的知识和经验整理成知识库，以便其他团队成员查阅和学习。

质量业务数字化方面，以ISO/TS22163等先进质量标准要求为基础，融合企业质量管理业务流程，自主搭建了涵盖质量策划和质量检验的质量管理信息系统。建立了供应链质量管理、智能监造管理、质量体系管理、自制产品首件检验管理、进货检验管理、生产过程检验管理、原材料复验、原材料入库检验、原材料质量追溯、探伤管理、质量问题闭环管理、列车调试、不合格品管理、产品质量履历、质量要素参与订单分配等模块。

质量管理信息系统实现了采购、物流、制造、检测、服务等全流程数据贯通，覆盖供应链、技术链、制造链和服务链全过程、全要素的质量管控，实现了质量体系全过程数据获取、问题跟踪、结果评价的规范化，质量指标的可视化和质量改进的自主化，确保质量策划、质量控制、质量保证等全流程的数据贯通，提升了质量追溯能力和质量改进效率。

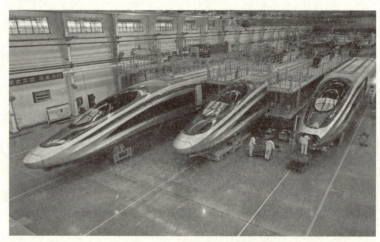

图4.8　中车青岛四方生产车间

质量决策智慧化方面，以QM、QA、QC三层质量管理架构为基础，针对技术链、供应链、智造链、服务链业务场景，以状态显性化、异常预报警为功能定位，搭建中车青岛四方质量指挥中心，并设置了90余项业务数据监控指标，对重点管控要素设立了时间类、指标类、趋势异常类、超限类等50余项模型，实现数据实时采集、指标自动分析，工作节点显性、业务状态全览，信息全面共享、异常高效处置。

质量指挥中心按照不同管理层级设立状态管理层和指挥层。状态管理层将各业务状态进行显性化处理，展示了主要指标实际状态，便于各业务人员掌握每个板块中总体情况，实现对异常情况的快速处置。指挥层便于各级管理者实时了解目前的异常情况，便于快速决策，为公司质量改进和科学决策提供量化数据支撑。

质量健康显性化方面，建立质量管理体系健康度评价模型。通过对质量管理业务过程和经营管理量化评价数据进行梳理，确定各业务的量化评价指标库。通过专家调研形成符合轨道交通装备特色的量化评价模型和算法，开展健康度评价。利用中车青岛四方大数据平台能力提供数据统一加工及处理，构建面向不同应用角色的应用分析能力，精准定位公司质量管理体系总体、各板块及过程间的优势和不足，全面、动态监控公司质量管理体系健康水平。同时通过数据沉淀形成系统化的研究方法论和经验，为中车青岛四方质量体系评价、质量改进和决策提供支撑。

第三节　数据处理与分析技术在轨道车辆智能制造中的挑战与发展方向

一、轨道车辆智能制造中数据处理与分析技术面临的挑战

运营管理是供应链中的重要环节，它负责规划、组织和管理所有制造产品所需的资源，包括设备、人力、技术、流程和信息等。其主要职能是统筹相关的资源与活动，将投入的资源转化为最终可销售的产品和服务。

大数据对供应链中的生产环节产生了前所未有的巨大影响。在改进运营决策的过程中，大数据影响了包括产品设计、质量控制、客户画像等方

面。通过大数据分析，制造业的规范性、产品和服务品质以及卓越运营的实现等方面都得到了提升。首先，大数据对制造业的规范性产生了积极影响，通过数据分析和挖掘，企业可以更好地了解市场需求和消费者行为，从而制订更加精准的产品设计和生产计划。同时，大数据还可以帮助企业优化生产流程和管理模式，提高生产效率和产品质量。其次，大数据对产品和服务品质的提升也起到了重要作用，通过数据分析和监测，企业可以及时发现并解决生产过程中出现的问题，从而保证产品和服务的质量。此外，大数据还可以帮助企业了解消费者的需求和反馈，不断改进产品和服务，提高客户满意度。最后，大数据对卓越运营的实现也具有重要意义，通过数据分析和挖掘，企业可以更好地了解自身的运营状况和市场需求，从而制订更加科学合理的运营策略。同时，大数据还可以帮助企业优化资源配置和管理模式，提高运营效率和效益。

传统制造产业数字化转型发展的投资额大、市场回报周期长、产业基础支撑薄弱，这些导致了一些制造企业实施数字化改造的信心不足、意愿不强。大多数制造企业有推动数字化转型的意愿，但缺乏明确的数字化战略目标和实施路径，更多还是将先进信息系统从生产端引入，没有从长期业务发展战略的高度来规划。市场上的数字化软件、大数据、云计算等各种服务提供的方案都是通用的，不能满足制造企业、行业的个性化的需求。受制于企业的人力、资金等的制约，大型制造企业与中小制造企业之间的数字鸿沟十分显著。我国制造产业互联网生态建设起步晚、发展慢，在制造行业覆盖率、功能完整性、模块化和丰富性等方面比较落后，与制造产业内部存在的数字鸿沟有很大的关联。制造企业仍以内部综合集成为主入口，产业链之间的业务协同情况并不理想，对用户、数据、制造能力等资源的社会化开放程度普遍不高。

在全球经济和科技发展的推动下，智能制造装备的水平将继续提升，这是全球制造装备行业发展的必然趋势。然而，不同国家在科学研究和实际开发水平上存在差异，这导致各国在智能制造装备方面的研究水平存在一定的差距。我国政府和企业已经开始加大投入，积极推动智能制造装备的发展。通过引进先进技术、加强自主研发和创新，我国有望在智能制造装备领域取得重要突破。因此，智能制造装备的发展是一个长期的过程，需要政府、企业和科研机构共同努力，加强合作与交流，推动技术创新和产业升级。

数据处理和分析面临着诸多挑战，如数据隐私和安全、大数据存储和计算、算法和模型的选择等。未来的发展趋势包括更加智能化的数据处理和分析工具，如自动化建模和可解释性强的机器学习模型，以及更加高效的大数据处理和分析平台，如分布式计算和云计算等。

数据处理和分析是一门重要的学科和技术，对于科学研究和商业决策具有重要意义。掌握合适的数据处理和分析方法，能够更好地理解和利用数据，为决策提供科学依据。随着全球经济和科学技术的飞速发展，信息技术、互联网技术的发展也极为快速，其推动了大数据时代的到来。当前，我国已经正式迈入了大数据时代，以信息技术为代表的先进技术对人们的生活、工作、学习等方面产生了深刻的影响。

二、轨道车辆智能制造中数据处理与分析技术的发展方向

在数据处理的未来发展方向中，数据采集是实现数字化和智能制造的基础。为了实现高智能化的生产管控，必须完美解决底层设备的实时采集问题。因此，预计在未来的几年内，数据采集将向以下几个方向发展：

1. 统一的通信协议平台

当前数据采集面临的最大挑战在于底层设备的通信方式和协议的多样性，它们之间的差异巨大且互相保密，导致互不兼容。然而，随着未来通信协议标准化的推进，预计各底层设备将逐渐采用统一规范的通信协议，这种协议对第三方开发商来说是透明的，使得开发商能够为客户开发出大量个性化需求的APP，从而满足用户各种独特的需求。这一趋势预示着数据采集领域将朝着更加开放、更加兼容和更加个性化的方向发展。

2．移动式应用平台

手机APP在信息上报中的应用仅仅是冰山一角，未来更多的手机APP将广泛应用于现场生产管理领域。同时，设备自身的智能化水平也在大幅提升，能够通过GPS或北斗定位系统实时将自身的状态、运行参数传输至远程监控中心。因此，未来将会涌现出更多的移动式应用，用于远程监控各种生产设备，并实现远程诊断和远程维护的功能。这一发展趋势将极大提升生产管理的便捷性和效率。

3．大数据分析的引入

随着采集数据规模和范围的持续扩大，数据容量也在迅速增长。为了从海量数据中挖掘出有价值的信息，大数据分析的深入应用变得至关重要。大数据分析的结果将为设备智能优化和业务智能重构提供有力支持，进一步推动智能制造的发展步伐。因此，大数据分析将成为未来智能制造领域的重要支撑和推动力。

在智能化工厂的发展中，必须从全球角度出发，将人工智能与互联网作为核心，协同产业模式共同发展，不断促进工业发展水平的提升，企业必须从长远出发，向着系统化和平台化的大数据技术应用发展，以促进信息技术对工厂建设背景进行优化，促进智能工厂建设中长远效益的提升。据研究，中国的民营企业中，大部分的大数据应用信息主要来自企业内部。比如在业务管理类的大数据服务平台中，使用的主要是相关的业务管理数据和信息数据，包括客户相关的信息。然而，也有一部分企业的数据主要来自企业外部，例如通过移动互联网信息技术获取的相关行业应用数据，或者与服务企业应用的信息数据。因此，在未来民营企业的发展中，需要不断提升对大数据的收集能力及信息技术处理能力。同时，为了提升智能化和装备设计制造水平，需要强化对相关技术课题的重视，培养专业的数据分析人才。

总之，生产制造领域在工业大数据分析应用和管理形式以及相关理论知识方面的掌握尚不充分。为达到大规模和智能化的工业产品生产目标，需要进一步发展大数据分析技术，以便更好地服务主要客户和服务型企业。在工业智能化的背景下，企业应充分利用大数据的专业技术服务。通过大数据应用，实时分析和计算数据，从而提升工厂的生产效率。同时，这也有助于减少人力资源和成本投入，提高企业的生产效益和生产质量。此外，通过对生产过程中的不足进行补充和优化，可以持续推动生产力的发展。

根据制造业数字化转型的"方案"，聚焦于"工赋链主"梯度培育，提高产业链上制造企业尤其是中小制造企业数字化转型的积极性和行动力，打造一批制造行业的标杆；加快工业园区从土地开发向深层次的管理能级提升转型，积极探索"工业互联网+安全生产""数字孪生""工业元宇宙"等制造业数字化新型的和特色转型新模式；提升制造业互联网平台的运行能力，强化制造业数字化转型的互联网技术供给，突破关键环节核心软件，积极加强平台与平台、平台与专业服务商之间的互联互通；此外，将优化互联网的生态服务，逐步开展面向链主的上下游、特定产业领域和专精特新制造业的数字化诊断工作，培育一批专业咨询服务商为企业"搭脉问诊"。

第五章 轨道车辆智能制造的关键技术三：智能控制与优化技术

第一节 智能控制与优化技术的基本概念与方法

一、智能控制技术的基本概念

智能控制是一种基于智能信息处理、智能信息反馈和智能控制决策的控制方式，是控制理论发展的高级阶段，主要被用于解决那些传统方法难以解决的复杂系统的控制问题。智能控制的研究对象通常是数学模型具有不确定性、高度的非线性和复杂的任务要求等主要特点。

智能控制的相关技术与控制方式结合，构成风格和功能各异的智能控制系统和智能控制器，这是智能控制技术的一个主要特点。传统控制依赖于被控制对象的模型，而智能控制可以解决非模型化系统的控制问题。这使得智能控制在处理复杂系统（如非线性、快时变、复杂多变量、环境扰动等）时具有显著的优势，并能够实现全局有效的控制。智能控制作为一种新兴的控制科学技术，在近年来得到了广泛的关注与研究。其基本特点体现在对复杂系统的全局掌控、对知识的多元表示与应用、自适应与自学习能力以及决策和修复能力等多个方面。

1. 基于高层策略的全局优化：智能控制不仅仅局限于对系统局部的控制，更是从全局角度出发，利用高层策略对整个系统进行优化。这种优化不仅涉及系统的即时性能，更考虑到系统的长期稳定性和总体目标。通过对系统进行全面的了解与分析，智能控制能够做出更加合理、更具远见的决策，从而实现对复杂系统的高效掌控。

2．知识的混合表示与应用：传统的控制系统主要依赖于精确的数学模型，而智能控制系统则能够融合数学与非数学的知识表示方式。这种混合表示使得智能控制既能够处理精确的数值计算，又能够运用模糊逻辑、神经网络等非数学工具处理具有不确定性和模糊性的内容，从而更加真实地反映现实世界的复杂性。

3．多模态控制与决策：智能控制系统能够根据不同的环境和任务要求，灵活地采用不同的控制模态和决策策略。这种多模态控制方式使得系统能够在各种复杂环境下保持稳定性和高效性，同时也大大增强了系统的适应性。

4．自学习与自协调能力：智能控制系统具有强大的自学习和自协调能力。通过对历史数据和经验的学习，系统能够不断优化自身的控制策略和决策模式，从而提高控制精度和效率。系统还能够根据实时的反馈信息进行自我调整，确保在各种不确定因素的干扰下仍能保持优良的性能。

5．知识与策略的丰富性：智能控制不仅具备关于被控对象的专业知识，还拥有关于人类控制策略等其他知识。这使得智能控制系统在决策时能够综合考虑多种因素，制订出更加全面、合理的控制策略。通过对知识的不断更新和扩充，智能控制系统能够适应不断变化的环境和任务要求，保持持久的竞争力。

6．自我修复与决策能力：在面对故障、错误或者未知情况时，智能控制系统具有出色的自我修复和决策能力。它能够对故障进行诊断和自我修复，或者在无法修复的情况下采取合适的应对策略，以确保系统的稳定性和安全性。这种能力使得智能控制系统在复杂多变的环境中能够保持高度的可靠性和稳定性。

这些特点使得智能控制在处理复杂系统和实现高效控制方面具有显著的优势，并且为未来的科技发展和社会进步提供了强大的技术支持。

智能控制技术的基本原理是通过传感器采集设备或系统的状态信息，并将其传递给微处理器或微控制器进行信号处理和决策，然后，执行器根据控制信号对设备或系统进行实际操作与控制。具体包括以下几个方面：

1. 传感器技术：传感器是智能控制技术中的关键组件，负责实时感知设备或系统的状态，并将信息转化为电信号输出。这使得我们能够获取设备或系统的各种参数，如温度、压力、湿度等。

2. 微处理器或微控制器技术：微处理器或微控制器是智能控制技术的核心部分，它们接收来自传感器的信号，进行数据处理和控制决策。这些集成电路具有一定的计算和控制功能，可以根据不同的控制算法实现不同的控制策略。

3. 执行器技术：执行器是将控制信号转化为设备或系统实际动作的装置。例如电动机、液压马达和电磁阀等都是常见的执行器。它们根据微处理器或微控制器的控制信号对设备或系统进行实际操作与控制，从而实现对设备或系统的精确控制。

智能控制技术通过结合传感器技术、微处理器或微控制器技术和执行器技术，实现对设备或系统的精确、高效和智能化控制。

二、优化技术的基本概念

优化技术是指通过改进现有系统或过程的性能，以达到更高效、更优的结果。在各个领域，优化技术都扮演着重要的角色，如工程、经济、计算机科学等。下面将从理论和应用两个方面来探讨优化技术的基本原理及其应用。

优化技术的基本概念为：

1. 目标函数与约束条件的建立。优化技术的核心在于建立目标函数和约束条件。目标函数是优化的目标，通过最大化或最小化目标函数来寻找最优解。约束条件是对解的限制，可以是线性约束、非线性约束或者其他形式的约束。建立准确、合理的目标函数和约束条件是优化技术成功的关键。

2. 搜索空间的定义。搜索空间是指所有可能解的集合，优化技术需要在搜索空间中寻找最优解。搜索空间的定义需要考虑问题的特点和限制，确定合适的变量和变量范围。搜索空间的定义直接影响到优化技术的效率和准确性。

3. 优化算法的选择。优化技术可以使用不同的算法来搜索最优解，常见的优化算法包括穷举法、梯度下降法、遗传算法等。选择合适的优化算法需要考虑问题的特点、目标函数的性质、搜索空间的复杂度等因素。不同的优化算法适用于不同的问题，需要根据具体情况进行选择。

优化技术的应用也十分广泛，现做几个举例：

1. 工程领域。在工程领域，优化技术被广泛应用于设计、生产和管理等方面。例如，在产品设计中，可以使用优化技术来确定最佳的设计参数，以满足性能要求和成本限制；在供应链管理中，可以使用优化技术来优化物流路径和库存管理，降低成本并提高响应速度；在生产过程中，可以使用优化技术来优化生产调度，提高生产效率和资源利用率。

2. 经济领域。在经济领域，优化技术可以应用于投资组合优化、资源配置、市场预测等方面。例如，在优化投资组合时，可以使用优化技术来确定最佳的资产配置，以获取最大化收益并控制风险；在资源配置中，可以使用优化技术来确定最佳的生产计划和资源分配，以提高效益和降低成本；在市场预测中，可以使用优化技术来建立预测模型，以提供准确的市场预测和决策支持。

3. 计算机科学领域。在计算机科学领域，优化技术被广泛应用于算法设计、系统优化和数据分析等方面。例如，在算法设计中，可以使用优化技术来改进算法的时间复杂度和空间复杂度，以提高算法的效率和性能；在系统优化中，可以使用优化技术来优化系统的资源分配和任务调度，以提高系统的响应速度和吞吐量；在数据分析中，可以使用优化技术来寻找最佳的模型参数，以提高数据分析的准确性和预测能力。

优化技术在各个领域都具有重要的应用价值。通过建立准确的目标函数和约束条件，定义合适的搜索空间，并选择合适的优化算法，可以有效地改进现有系统或过程的性能，实现更优的结果。无论是在工程领域、经济领域还是计算机科学领域，优化技术都是不可或缺的工具，对于推动科技发展和社会进步起着重要作用。

三、智能控制与优化技术的方法

随着人工智能和计算机技术的进步，我们现在已经能够将自动控制、人工智能以及系统科学中的相关学科分支（如系统工程、系统学、运筹学、信息论）相结合，以建立一种适用于复杂系统的控制理论和技术。智能控制就是在这样的背景下应运而生。它是自动控制技术的最新发展阶段，也是研究如何利用计算机模拟人类智能进行控制的领域。智能控制技术的关键在于如何有效地结合定量方法和定性方法，利用机器的智慧和经验来引导求解过程，并通过高层控制实现对复杂系统的有效控制和优化。

智能控制作为一门跨学科的综合性学科，融合了控制理论、计算机科学、人工智能、运筹学等多个学科的理论和技术。它旨在通过模仿人类思维和决策过程，实现对系统的优化和控制。智能控制技术涵盖了多种理论和算法，下面将详细阐述其中几种常用的技术。

1. 专家系统：专家系统是智能控制中常用的一种技术，它通过模仿人类专家的知识和经验，解决特定领域的问题。专家系统通常由知识库、推理机、用户接口等部分组成，知识库存储了专家的知识和经验，推理机根据问题的输入和知识库中的信息进行推理，得出问题的答案。用户接口则提供了与用户交互的界面，使用户能够方便地与专家系统进行交互。

2. 模糊逻辑：模糊逻辑是一种处理不确定性问题的工具，它通过引入模糊集合和模糊运算，实现对不确定信息的处理。例如，在温度控制系统中，由于环境温度的变化和传感器误差等因素的影响，温度值可能存在一定的不确定性。通过引入模糊逻辑，可以对温度值进行模糊化处理，从而实现对温度的精确控制。

3. 神经网络：神经网络是一种模拟生物神经系统的计算模型，它通过模拟神经元之间的连接和信号传递过程，实现对复杂系统的学习和控制。在智能控制中，神经网络常用于处理具有非线性和不确定性的系统。例如，在图像识别和语音识别领域，通过训练神经网络模型，可以处理这些复杂问题。

4．遗传算法：遗传算法是一种模拟生物进化过程的优化算法，它通过模拟自然选择和遗传过程，实现对搜索空间的全局优化。在智能控制中，遗传算法常用于解决优化问题，如路径规划、参数优化等。

5．自适应控制：自适应控制是一种能够自动调整控制策略以适应系统动态变化的方法。在智能控制中，自适应控制常用于处理具有不确定性的系统。通过实时监测系统的状态和性能指标，自适应控制能够自动调整控制参数和控制策略，以适应系统的变化。

6．自组织控制：自组织控制是一种能够自动组织和优化系统结构的方法。在智能控制中，自组织控制常用于处理具有复杂结构和动态特性的系统。通过模拟自然界中的自组织现象，自组织控制能够自动组织和优化系统的结构和功能，让智能控制系统具有更好的性能和适应性。

7．自学习控制：自学习控制是一种能够自动学习和改进控制策略的方法。在智能控制中，自学习控制常用于处理具有不确定性和未知特性的系统。通过模拟人类的学习过程，自学习控制能够自动学习和改进控制策略，以适应系统的变化和新的环境条件。

随着科技的不断发展，优化方法和技术在各个领域都扮演着重要的角色。无论是在生产制造、信息技术、交通运输还是环境保护等诸多领域，优化方法和技术都能够提高效率、降低成本、减少资源消耗，对于推动社会发展和改善生活质量起到了重要作用，这里将介绍几种常见的优化方法和技术。

1．数据优化技术

数据优化技术是一种通过处理和分析数据，从而提高数据的效率和可用性的方法。其中数据压缩技术是一种常见的数据优化技术，通过对数据进行压缩，可以减少存储空间的占用，提高数据传输的效率。此外数据清洗技术也是一种常见的数据优化技术，通过对数据进行清洗，可以去除其中的异常值，提高数据的准确性和可靠性。

2．流程优化方法

流程优化方法是一种通过对工作流程进行分析和改进，从而提高工作效率和降低成本的方法。价值流映射是一种常见的流程优化方法，通过对工作流程进行价值流映射，可以找出其中的不妥之处，进而完成改进。六西格玛方法就是一种常见的流程优化方法，通过对工作流程进行六西格玛分析，可以找出其中的问题和改进点，提高工作效率。

3. 算法优化技术

算法优化技术是一种通过对算法进行改进和优化，从而提高算法的效率和性能的方法。这种技术里的贪心算法是一种常见的算法优化技术，贪心算法通过每一步选择当前最优解，从而得到整体最优解。还有一种动态规划算法也是常见的算法优化技术，动态规划算法将问题分解为若干子问题，并保存子问题的解，从而避免重复计算，提高算法的效率。

4. 能源优化技术

能源优化技术是一种对能源利用环节进行优化，从而提高能源利用效率和降低能耗的方法。能源管理系统即为常见的能源优化技术，能源管理系统通过对能源进行监控和控制，实现能源的合理利用和节约。能源回收技术也是另一种常见的能源优化技术，能源回收技术通过对废热、废水等能源进行回收和再利用，可以提高能源的利用效率。

5. 网络优化技术

网络优化技术是一种通过对网络进行优化，从而提高网络性能和提升用户体验感的方法。当中的网络拓扑优化是一种常见的网络优化技术，网络拓扑优化通过对网络结构进行调整和改进，提高网络的容量和可靠性。同时流量控制技术也是一种网络优化技术，流量控制技术通过对网络流量进行调度和管理，提高网络的负载能力和传输效率。

优化方法和技术在各个领域都起到了重要的作用。通过对数据、流程、算法、能源和网络进行优化，可以提高效率、降低成本、减少资源消耗，为社会发展和生活改善做出贡献。随着科技的不断进步和创新，优化方法和技术将会在未来发挥更加重要的作用。

第二节　轨道车辆智能制造中的智能控制与优化技术应用案例

一、智能控制技术在轨道车辆生产线中的应用案例

中车株机通过与金蝶软件合作整合PLM、ERP、MES、产线中控等业务系统，实现制造活动的纵向集成；同时打通上下游企业之间的横向价值链，实现计划、研发、生产、供应的业务协同，实现设计、工艺、产品、设备的数字化达成端到端集成。

图5.1　转向架智能制造生产线

智能制造技术应用广泛，在轨道车辆制造领域也有相应的应用，现选取转向架系统智能生产工艺、组对机器人的应用、喷涂机器人的应用、组装机器人的应用四部分进行举例阐述。

1. 转向架系统智能生产工艺

（1）转向架构架焊接柔性生产线技术方案

该方案旨在实现高效、高质量和智能化的构架焊接柔性生产。主要涉及侧梁自动组装系统、横梁自动打磨系统和自动物流等方面的技术解决方案。

①侧梁自动组装系统

侧梁的组装是构架焊接柔性生产中的一个重要环节。为了解决这一环节的智能化生产问题，我们设计了一种侧梁自动组装系统。该系统采用自动搬运机器人、悬挂式焊接多功能机器人及组装胎的组合方案来完成装配（见图5.2）。

图5.2　侧梁自动组装系统

自动搬运机器人：采用六轴悬臂机器人，通过滑轨实现左右移动。其夹持单元根据板材规格尺寸的不同自动更换夹取头，实现高效、准确的板材传输。

悬挂式焊接多功能机器人：选用八轴结构，通过高自由度的铰接轴、反应快速的短手臂设计和空心轴中的腕关节连接轴的集成化焊枪连接器设计，在保证覆盖相对较大的工作范围的同时，即使对于侧梁内腔某些难以接近的焊缝，也能以最佳焊枪角度完成焊接工作。

②横梁自动打磨系统

构架横梁焊接后需要对焊缝进行打磨，以保证焊接质量。为此，可通过横梁自动打磨系统进行打磨。该系统采用直立安装的六轴机械臂，配合一台单回转一轴变位机，可以以最佳角度完成打磨工作。通过设定接触力，然后在设定时间里，逐渐过渡到设定打磨力，以保证打磨效果和质量。

③自动物流

为了实现生产线内焊接工装及工件的自动运输，我们采用了自动物流系统。该系统由AGV智能运输实现从立体料库运送至生产线组装工位，而生产线内焊接工装及工件的自动运输则由RGV智能运输车、线边料架及智能立体库完成。这种物流系统能够实现高效、准确和自动化的物料管理，从而提高了生产效率。

该技术方案通过引入高精度、高效率的自动化设备和智能算法，提高了生产线的柔性，使得生产能够更好地适应市场需求的变化；自动化生产和智能物流的引入降低了生产成本，同时提高了生产效率；通过精确控制焊接和打磨过程，能够显著提高产品的质量。这种技术方案还有利于环保和可持续发展，通过减少人工干预和优化能源利用，实现了资源的高效利用和减少环境污染，对于推动轨道车辆制造业的智能化转型和升级具有积极的示范意义。

（2）构架FMS智能加工系统

构架FMS智能加工系统也是一种先进的柔性制造系统，它集成了加工、物流和控制管理三个子系统，实现了构架的自动化加工和智能化管理。

加工子系统：该子系统由若干台数控龙门加工中心组成，这些机床采用全封闭的三轴联动数控系统，可以对构架的各种面和孔进行钻、铣加工。通过精确的数控编程和高效的加工策略，这些机床能够快速、准确地完成构架的加工任务，提高了生产效率和产品质量。

物流子系统：该子系统由物料传输及存储装置构成，传输装置设有上料工位、缓存工位和下料工位。该系统采用RGV智能运输车来完成构架的传输，可以在加工机床和托盘缓冲站之间进行物料搬运作业。这种自动化的物流系统能够减少人工干预，提高生产效率。

控制管理子系统：该子系统负责整条生产线的协调工作，具备产品分析、生产调度、系统管理、质量控制、数据管理和网络通信的能力。通过先进的控制管理系统，可以实现生产线的自动化、智能化和高效化，提高生产效率和产品质量。

将这三个子系统有机结合组成FMS柔性智能加工系统,可以实现构架的自动输送、快速装卡及自动加工。

（3）轮对智能化生产线

轮对智能化生产线是集成了自动化设备、智能物流系统和智能化管理系统于一体的生产线。它采用全自动物流系统（如图5.3所示）,实现了车轴和车轮的加工、检测、喷涂、轮对压装、轴承组装等环节的自动化。这种全自动化的生产线能够减少人工干预,提高生产效率,同时保证了产品质量的一致性和稳定性。在轮对智能化生产线中,齿轮箱组装和轴箱组装生产线采用了半自动化的方式,利用智能拧紧工具和智能化的流水线,实现按节拍进行流水作业。这种半自动化的生产线能够根据生产需求灵活调整生产节拍,提高了生产效率。此外,轮对智能化生产线还具有智能物流的特点。通过使用桁架式抓取机械手、AGV智能运输车、带式输送机构等自动化物流设备和智能柔性输送设备,实现了部件在加工、检测、喷涂、存放、安装等环节的自动化。这种智能化的物流系统能够减少物料搬运的时间和人力成本,提高生产效率。

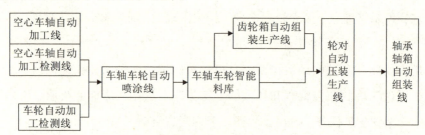

图5.3　轮对智能化生产线

2. 组对机器人的应用

在轨道交通车辆产品的制造过程中,有的组对工艺过程也可以利用机器人来替代人工操作,从而实现自动化的组对安装,如构架焊接组对机器人,可实现转向架构架侧梁内腔等结构的自动组装,如图5.4所示。

由于不同车型的横梁构造不一,组对机器人可通过提前设定的不同程序来适应多种类型的横梁结构。机器人搬运、拼点,借助工装结构件更高效地完成组对,可节省人工成本,成功解决了生产线系统中的难题。

图5.4　组对机器人的应用

3. 喷涂机器人的应用

喷涂机器人基本由智能控制系统、智能视觉系统、防爆喷涂机器人三部分组成，可以通过自动离线编程软件，生成打磨、抛光程序，如图5.5所示。喷涂机器人能够实现喷涂工艺的自动化、智能控制，完成车体、构架等自动喷涂，使喷涂过程更加智能、简单，可视化、再现性高，涂膜控制更加精准，颜色更加鲜艳。同样通过对机器人结构的静动态刚度、运动学动力学分析，建立设计仿真分析平台，也可以采用机器人进行恒力打磨，通过机器人完成轨道交通车体腻子打磨。

图5.5　喷涂机器人

4. 组装机器人的应用

在车辆组装过程中，机器人被广泛地应用于零部件自动化装配或压装、螺栓自动拧紧、内部物料转运等方面，主要是采用机械臂代替人工进行装配、自动选取扳手和套筒、打扭力、记录扭力数值，以及自动生成装配记录并上传云端保存等工作，如图5.6所示。

图5.6 组装机器人的应用

在金蝶技术人员的深度参与下，中车株机已经成功上线全球第一条转向架智能制造生产线，包括11条产线、28台独立设备全部实现智能应用，涵盖加工、装配、焊接、涂装、物流等转向架生产制造全过程。在3个厂房连接超过20台AGV设备、1000多名员工、1万多种物料和200多个工位，工作人员只需输入指令，自动运输小车就可从立体物料库取料，输送到相应工位，智能制造装备再根据物料二维码参数信息自动生产，之后产生新的二维码进入下一环节。整个生产过程，均为自动完成，无需人工辅助、介入。

智能制造产线的成功实施，使得11条生产线可达到最大化的协同平衡，将相互等待时间降到最小。转向架的构架、车轮和车轴3条生产线之间的相互等待时间基本为零，转向架智能制造车间能根据任务变化进行柔性化生产，实现小批量试制与大批量投产同步进行，约20分钟就可生产一个车轮。全新的生产方式也带来了不同的质量管理模式，螺栓智能拧紧系统、焊接间隙在线检测设备等，可保证产品质量，一旦发生异常会自动报警停止生产，智能监测设备在线采集的质量数据，还可以做到电子化储存、电子化管理、结构式追溯，实现快速追查。

中车株机公司"转向架智能制造车间项目"相比传统人工操作模式，实施后，人员精简50%，运营成本降低20%，产品研制周期缩短35%以上，转向架整架生产效率提升30%，为企业以及行业今后普及实施智能制造摸索出一套成功经验。

"生产成本"和"交付周期"是轨道交通企业发展的两大核心竞争力。为缩短交付周期，中车株机一直采用"边设计、边采购、边生产"的制造模式，但由于上下游企业间以及内部业务系统未能实现集成和协同，客户需求一旦变更就很容易打乱生产节奏，从而严重影响交付周期和生产效率。

为避免需求频繁变更带来的问题，中车株机与金蝶合作打造一体化协同管控平台，实现PDM、ERP、MES业务之间的数据集成，利用PDM的设计更改传递至ERP系统中，确保更改信息在PDM和ERP两个系统中是准确的、一致的、及时的。MES中可以查看操作者本人对应的生产加工工序信息，根据生产加工工序信息查看其对应的三维（二维）文件，在现场系统中对各文件进行展示，并对接DNC中控系统，实现加工程序的实时传递，真正实现无纸化生产。

中车株机通过与金蝶的深入合作，成功实现了计划协同、采购协同和供应链协同以及制造协同，帮助中车株机缩短产品组装周期近30%，通过供应链协同及工厂协同有效解决了生产缺料、生产进度管控等问题，在日作业一万多道工序的复杂情况下，将作业准时完工率提升至96%。在与西门子、阿尔斯通、庞巴迪等全球行业巨头的市场竞争中，中车株机的交付周期可以缩短到竞争对手的一半，而产品价格更低。

二、优化技术在轨道车辆零部件生产中的应用案例

轨道车辆作为现代交通的重要工具，其零部件生产质量直接关系到车辆的运行安全和效率。近年来，随着科技的飞速发展，优化技术逐渐应用

于轨道车辆零部件生产中，在提高生产效率、降低成本、提升产品质量等方面发挥了重要作用。中国高铁是"引进、消化吸收、再创新"的典范，实施转向架智能制造项目是一项全新的任务。在没有现成经验的情况下，中车青岛四方以高速动车组核心部件——转向架车间为实施平台，以关键制造环节智能化为核心，以网络互联为支撑，研发适用于轨道交通装备行业的先进制造技术和装备，实现了高速动车组转向架的智能制造。智慧四方2025愿景如图5.7所示。

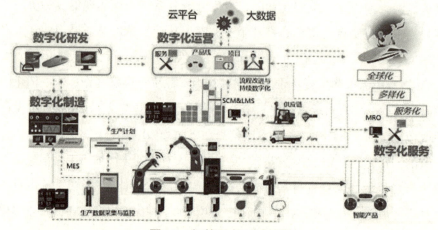

图5.7　智慧四方2025愿景

1. 数字化建模与仿真技术的应用

在轨道车辆零部件生产中，数字化建模与仿真技术是实现优化生产的关键。中车青岛四方在生产过程中采用了先进的CAD/CAM软件进行零部件的三维建模，并利用CAE技术对产品进行结构分析和优化设计。通过数字化建模与仿真技术，可以提前发现并解决潜在的设计问题，减少生产过程中的废品率，提高产品质量和生产效率。

2. 智能制造技术的应用

智能制造技术是现代制造业的核心，也是轨道车辆零部件生产中的重要应用领域。中车青岛四方采用了大型高档数控机床和重载机器人进行加工和装配，实现了自动化上下料、加工、焊接、喷涂等工序。还研发了基于机器人的零部件精准自动装配技术，攻克了机器人吊装与精准移送、部件自寻位精确定位、自动检测与调整等难题。这些智能制造技术的应用，不仅提高了生产效率，还提升了产品质量的一致性。

3. 传感与控制技术的应用

传感与控制技术是实现智能制造的关键技术之一。在生产过程中采用了多种智能传感与控制装备，如激光测试、视觉识别、振动频谱和大数据分析技术等，这些装备通过智能传感与控制技术替代人工完成复杂的生产作业，提高了生产效率和质量，中车青岛四方还研发了数据采集与控制系统，控制数控程序自动下载及删除，能实现工作台自动交换、设备自动启停，这些改进措施不仅提高了生产效率，降低了制造成本，还改善了作业环境。

4. 网络化与信息化的应用

网络化与信息化是实现智能制造的重要支撑。该公司建立了完善的工业互联网架构，实现了各制造环节之间的信息互联互通。他们通过建立现场网络化监控和可视化管理系统，利用RFID技术、GIS技术、二维码技术等实现物料流动的定位、跟踪、控制等功能。此外还建立了中央控制系统、生产信息化管理系统、试验室管理系统、搅拌站管理系统等系统，整合各环节的数据信息，实现全流程的监控和管理。这些网络化与信息化的应用，为提高生产效率、提升产品质量等方面提供了有力支持。

5. 绿色制造技术的应用

绿色制造是现代制造业的重要发展方向之一。中车青岛四方在生产过程中，注重环保和可持续发展，采用了多种绿色制造技术。他们通过优化生产流程和能源利用，降低能耗和排放；采用环保材料和工艺，减少对环境的影响；采用循环经济模式，实现废弃物的资源化利用等。这些绿色制造技术的应用，不仅提高了企业的经济效益和社会效益，也为推动整个行业的可持续发展做出了贡献。

通过数字化建模与仿真技术、智能制造技术、传感与控制技术、网络化与信息化以及绿色制造技术的应用，中车青岛四方实现了高效、高质量的轨道车辆零部件生产。他们初步建成了转向架智能制造工厂，通过这一系列的改进措施，生产效率提升了22.5%，产品研制周期缩短了37.16%，产品不良率降低了33%，运营成本降低了23.8%，能源利用率提升了10%。2019年，中车青岛四方入选国家智能制造标杆企业，这充分证明了他们在智能制造领域的领先地位和卓越成就。这些技术的应用不仅提高了企业的经济效益和社会效益，也为推动整个行业的智能化转型和升级提供了有力支持。

三、智能控制与优化技术在轨道车辆装配过程中的应用案例

中车山东机车车辆有限公司一直致力于智能化装配技术的应用和推广，他们以移动互联网、云计算、大数据等信息技术与制造技术深度融合的数字化、网络化、智能化制造为主线，努力实现产品装配过程的智能化。通过应用先进的智能化装配技术，中车山东机车车辆有限公司提高了装配效率和质量，减少了人为因素对产品一致性的影响，从而提高了产品的稳定性和可靠性，智能化装配技术还可以实现装配过程的可追溯性和可视化，有助于提高生产过程的透明度和可控制性。中车山东机车车辆有限公司秉承创新精神，不断探索和应用新的信息技术和制造技术，推动智能化装配技术的进一步发展和应用。他们相信，通过持续的技术创新和应用推广，可以为轨道交通装备行业的发展注入新的动力，推动行业向更高水平发展。

1. 车体总装工艺流程

车体总装是轨道交通装备制造过程中的重要环节，主要包括车顶、车底、车内件安装；车顶空调、配线与受电弓设备安装；车下管线支架、制动系统、轴温系统、车门、车窗、风挡、地板、顶板、墙板、扶手、座椅、设备、空调系统等零部件的安装。由于待组装部件数量多，种类庞杂，因此其工艺流程需要严谨细致，以确保组装质量和效率。在车体总装的工艺流程中，首先需要进行车体构架的组装，包括各个零部件的安装和焊接；然后进行车内件的安装，包括座椅、扶手、墙板、地板等；接下来进行车顶空调、配线与受电弓设备的安装；最后进行车下管线支架、制动

系统、轴温系统、车门、车窗、风挡等零部件的安装。

在整个工艺流程中，需要严格遵守工艺规范和操作规程，确保每个零部件的安装位置和精度符合要求，同时还需要进行质量检查和验收，确保组装后的产品质量符合标准。车体总装的工艺流程需要严谨细致，确保组装质量和效率，通过不断优化工艺流程和提高技术水平，可以进一步提高轨道交通装备的制造质量和效率。其工艺流程如图5.8所示。

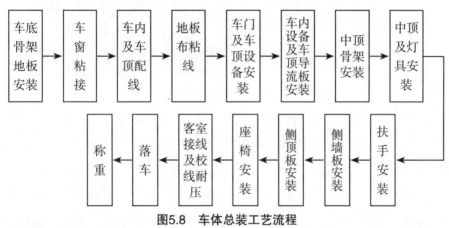

图5.8　车体总装工艺流程

2. 智能化组装工艺技术

（1）车体总组装：总组装车间采用流水台位作业方式组织生产，这是一种高效且质量可控的生产方式。在工艺上，整车装配被划分为若干个工序，每个工序都有专业的技术人员负责，并分配至各组装台位。这些工序按照规定的顺序连续进行，确保装配工作的顺利进行。

这种作业方法具有多种优点。首先就是人员固定和工序固定可以提高工作效率和保证装配质量，因为每个工序都有专业的技术人员负责，他们对自己的工作非常熟悉，能够迅速准确地完成任务。其次节拍化生产和流水化作业可以保证生产的连续性和均衡性，避免生产过程中的浪费和延误。在此之外这种作业方法还有利于企业与MES、ERP系统结合，通过每个作业台位的智能终端系统，实现装配现场与中控中心的实时双向沟通，这种沟通方式可以及时调配物料，节省现场工作空间，进一步提高生产效率。

　　总组装车间采用的流水台位作业方式是一种高效、质量可控且易于管理的生产方式，通过这种方式，企业可以确保生产的连续性和均衡性，提高生产效率和质量，同时降低生产成本和浪费。

图5.9　全自动线缆加工生产线系统

　　（2）车体预组装线缆加工：采用全自动线缆加工生产系统（见图5.9），该系统配置中央控制系统软件，能够智能排产和排料，合理统一安排，由操作者确认执行。机器人出料后进行倒线，并将断线分离后放置于输送线上，输送到机器人抓取位后由机器人对线盘进行自动上料。标准盘带有固定的电子标签，用于存储倒线后的线缆线径和长度，并且在系统中有相应的信息流转。通过火花检测出原料断点并提醒断点分离，同时记录线缆长度。将线束经过汇线模、切刀、自动胶带缠绕机，直至成圈机，进入成品智能仓储。

　　这种全自动线缆加工生产系统能够大大提高生产效率和质量，减少人工干预，通过中央控制系统软件的智能排产和排料功能，可以合理安排生产计划，减少生产过程中的浪费和延误，机器人和自动化设备的引入可以大大提高生产效率和质量，减少人为因素对产品质量的影响。

　　标准盘带有固定的电子标签可以方便地记录倒线后的线缆线径和长度等信息，并在系统中有相应的信息流转。这有助于提高生产过程中的可追溯性和可视化程度，方便企业对产品质量进行监控和管理。全自动线缆加工生产系统是一种高效、质量可控且易于管理的生产方式。通过这种方式，企业可以大大提高生产效率和质量，减少生产成本和浪费，同时方便企业对产品质量进行监控和管理。

在建立柔性化产线之前，应用流程程序分析法对列车部件制造工艺进行研究是非常重要的，流程程序分析法可以帮助记录装配过程中各零部件的存储、搬运、等待、操作及检验状态等数据，并统计其中的浪费现象，基于工业工程ECRS原则（取消、合并、重排、简化），结合自动化技术对部件装配流程、生产线布局进行设计整合是一个有效的策略。ECRS原则可以帮助优化流程，减少浪费，自动化技术则可以提升生产效率，降低人工操作的风险。具体来说，可以通过以下方式进行设计整合：

①并行工序重组：将原本串行的工序进行并行处理，提高生产效率。

②相似工序合并：将相似的工序合并，减少重复劳动。

③复杂工序简化：通过技术改进等方式，简化复杂的工序，降低操作难度。

④周转运输机械化：通过机械化方式替代人工搬运，提高效率和准确性。

⑤生产过程信息化：通过引入信息化技术，实现生产过程的实时监控和数据记录，提高生产管理的透明度和效率。

对于列车同一部件因车型不同而配件型号及制造工艺不同的问题，可以通过多元化设计使产线兼容多种型号的配件。通过扫码识别不同型号，将信号传输到上位机，上位机根据信号种类给PLC控制系统下达不同指令，实现零部件自动跳过不需要的工位。这样的设计可以使产线更加柔性化，适应不同车型和配件的需求，同时提高生产效率和质量。

关于产线设计布局，传统的列车部件制造采用"地摊式"分工作业，这种作业方式的空间利用率较低。因此在设计产线时，需要基于移动距离较短、充分利用面积和物流路线最优化等原则，确定物料存放区、输送区、组装区、半成品缓存区、试验区以及成品存放区的位置。通过工艺流程分析和DELMIA优化生产节拍，可以对设备进行合理布局，以提高生产效率和质量，在流水线的设计中，采用双层运输方式，上层采用倍速链和滚筒混合传动的方式，下层采用倍速链整体动力传动的方式，端部布置升降机实现部件上下两层运输，这样可以充分利用空间，提高运输效率。

　　由于列车零部件质量较大，其周转运输采用负载、跨度、起重高度适合的起重机完成。结合有效负载、固定工作范围、速度及定位精度等要求，选择ABB-IRB6700上料机器人，如图5.10所示。这种机器人具有高精度、高稳定性和高效率等特点，可以满足列车部件制造的特殊要求。机器人护栏采用彩钢瓦与钢丝网相结合的方式，设有平开检修门和人机交互的感应开闭门，这样可以保证操作人员的人身安全和机器人的正常运行。通过合理的产线设计和设备布局，结合先进的机器人技术，可以实现列车部件制造的高效、高质量和柔性化生产。

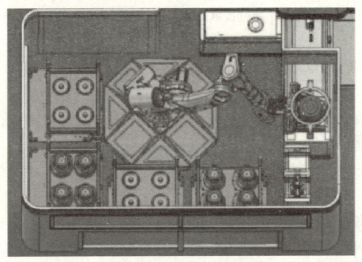

图5.10　ABB机器人上料工位

　　针对上料零部件结构不同的情况，为机器人设计通用夹持装置，其结构如图5.11所示。该装置包括支撑板、夹紧气缸、上压紧块和夹紧板，还包括下限位块。下限位块呈L形，设置于支撑板下方，其横向臂位于夹紧板下方且托住夹紧板。夹持工装通过气缸控制活动关节完成多种物料的夹持上线。这种设计可以适应不同形状和尺寸的零部件，提高机器人的通用性和灵活性。通过活动关节的设计，可以实现对不同零部件的夹持和释放，保证机器人的高效作业。同时，下限位块的设计可以防止零部件在夹持过程中发生滑动或脱落，提高作业的稳定性和安全性。这种通用夹持装置的设计可以满足不同零部件的夹持需求，提高机器人的适应性和生产效率。

图5.11　机器人通用夹持装置

在组装区配备的智能扭矩系统是一项重要的技术创新，它显著提高了列车部件的装配效率和质量，如图5.12所示，该系统能够识别来料选择所需扭矩扳手，并根据装配工艺自动调整扭矩预设值。

图5.12　部件组装区

智能扭矩系统包括电动工具、双轴电动工具、无线扳手等，这些工具能够实现各固定螺栓的自动打扭矩。每次操作后，扭矩数据会被自动传入数据库，并记录到对应的产品档案中，这样数据记录不仅为产品质量提供了可追溯性，还为后续的质量分析和改进提供了宝贵的数据支持。通过智能扭矩系统的应用，可以有效避免人工漏拧、欠拧及过拧螺栓的问题，这些问题往往会导致废品率升高，增加生产成本。智能扭矩系统的精准控制可以确保每个螺栓的紧固力矩都符合工艺要求，从而提高了产品的稳定性和可靠性。

智能扭矩系统还具有灵活性，可以根据不同型号和规格的列车部件进行自动调整，适应多种生产需求。这种柔性化的生产方式有助于企业快速响应市场变化，提高生产效率和市场竞争力，智能扭矩系统在列车部件制造中具有显著的优势，可以提高装配效率和质量、降低废品率。

对于重型钢板搬运的问题，可通过设计助力机械手来解决。如图5.13所示，该机械手由3个关节轴组成，分别绕轴旋转360°、310°和310°，该设计使得机械手具有较大的活动范围和灵活性。前端夹具配有把手、控制按钮、抓取工装等部件，使得操作者在前端施加一个小推力就能实现盖板的搬运，大大减轻了操作者的劳动强度，提高了搬运的效率和安全性。该机械手还具有高精度、高稳定性和高效率等特点，可以满足重型钢板搬运的特殊要求，同时这个设计也考虑了人机交互的便利性，使得操作者能够轻松控制和操作。助力机械手的设计和应用可以大大提高重型钢板搬运的效率和安全性，减轻操作者的劳动强度。

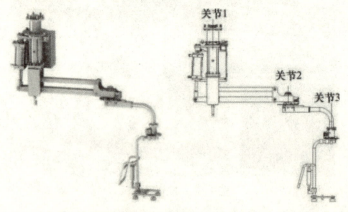

图5.13　部件组装区

除了上述的助力机械手和智能扭矩系统，制造系统还具有以下功能，以确保生产过程的准确性、提高产品生产质量和效率：

①可视化指导功能：通过先进的可视化技术，实时显示生产过程中的

关键数据、操作步骤和异常情况，为操作者提供直观、清晰的指导，确保生产过程的顺利进行。

②零部件信息防误防漏功能：通过与零部件数据库连接，可以实时验证零部件的型号、规格和数量等信息，防止因信息错误或遗漏导致的生产问题。

③多传感器检测技术：配有多传感器检测技术的检测设备，可以全面检测产品多项性能参数，确保产品符合质量标准。

④大数据技术应用：基于大数据技术，实现生产调度优化、制造过程全程检测、资源实时监控、产品质量优化、设备维保优化等服务。通过对数据的实时分析和预测，为企业决策提供有力支持。

⑤电子履历管理：为每个部件建立电子履历，存储产品数据信息，实现制件整个生命周期的信息可追溯并不断更新。这有助于企业了解产品的历史和性能，为产品改进和质量控制提供有力支持。

制造系统通过可视化指导、零部件信息防误防漏、多传感器检测技术、大数据技术应用以及电子履历管理等功能，实现了生产过程的精确控制，全面提升了产品质量。这些功能不仅提高了生产效率，还为企业创造了更大的经济效益和市场竞争力。

第三节　智能控制与优化技术在轨道车辆智能制造中的挑战与发展方向

一、智能控制与优化技术在轨道车辆智能制造中的挑战

随着科技的飞速发展，智能控制与优化技术在轨道车辆智能制造中发挥着越来越重要的作用。然而在实际应用中，仍然面临着许多挑战。

1. 基础技术研发能力不强

在轨道车辆智能制造中，基础技术研发能力是至关重要的。我国的轨

道交通车辆产业在关键材料、工艺等方面仍然有所不足，基础工艺技术与能力不够，平台自动识别与主动控制灵敏度与准确度不足，数据采集实时监测种类不全，生产制造中存在故障漏报或虚报问题等。这些问题都制约了轨道车辆智能制造的发展。

2. 实际产品平台建设不够到位

实际产品平台建设是实现轨道车辆智能制造的重要环节。目前我国的轨道交通车辆产业在平台化设计、标准化、模块化、全流程管理等方面仍然存在不足。此外，由于产业配套能力不足、产品种类不足、产品生产运维智能化平台建设不足、研发能力不足等问题，我国城市轨道交通车辆产业存在战略升级的瓶颈。

3. 多层次、多冲突目标的复杂生产系统优化决策

在轨道车辆智能制造过程中，需要解决多层次、多冲突目标的复杂生产系统优化决策问题，由于生产过程中存在多个目标，如质量、成本、交货期等，这些目标之间存在冲突或相互制约，因此要建立一种能够综合考虑这些目标的优化决策算法，以便进行有效的管理和决策。

4. 高性能自主控制系统

要解决复杂生产全流程运行优化控制问题，由于生产过程中存在多道工序和多种设备，这些工序和设备之间存在复杂的相互作用和动态变化，需建立一种能够实时监测和调整工序和设备的参数和运行状态的高性能自主控制系统，以保证生产过程的稳定性和高效性。

5. 实时监测与工况识别的AI系统

要解决工业智能建模算法问题，包括复杂工业动态系统的数字孪生、复杂运行工况智能感知与识别、生产要素智能预测与回溯等问题。由于生产过程中存在各种干扰因素，因此需要建立一种能够准确识别各种运行工况和生产要素的AI系统，以便进行有效的监控和预测。

6. 人机合作与协作的智能优化决策

要解决工业智能优化决策算法问题，包括人机互动与协作的智能优化决策、智能优化决策与控制一体化算法。由于生产过程中存在多个决策者

和决策环节，因此需要建立一种能够综合考虑各种因素的人机合作与协作的智能优化决策算法，以便进行有效的管理和决策。

7. 全流程多工序协同优化控制系统

要解决工业智能控制算法问题，包括生产全流程协同优化控制、自优化控制、高性能控制算法。需要建立一种能够综合考虑各道工序的运行状态和参数的全流程多工序协同优化控制系统，以保证生产过程的稳定性和高效性。

8. 数字化、智能化技术应用不足

虽然已经有一些数字化、智能化技术被应用于生产过程中，但是这些技术的应用范围和深度仍然有限。同时由于数字化、智能化技术的研发和应用成本较高，因此一些企业可能无法承担这些技术的研发和应用成本。

智能控制与优化技术在轨道车辆智能制造中具有重要的作用。然而在实际应用中面临着许多挑战。为了解决这些挑战我们需要加强基础技术研发能力、推进共性技术研发和应用、加强关键技术开发能力和加强实际产品平台建设等方面的工作。只有这样才能够推动我国城市轨道交通车辆产业的创新和发展实现现代化智能化发展进程。

二、智能控制与优化技术在轨道车辆智能制造中的发展方向

在当今科技快速发展的时代，智能控制与优化技术已经成为轨道车辆智能制造的核心驱动力。为了进一步提升轨道车辆的性能、安全性和效率，我们需要紧紧围绕"推动原始创新、引领绿色智能、创新发展模式、拓展国际空间"的发展思路，全面推进智能控制与优化技术在轨道车辆制造中的应用。

首先，构建先进的研发体系是智能控制与优化技术发展的关键。这需要我们借助现代信息技术和智能制造技术，如大数据分析、人工智能、物联网等，实现对车辆及关键组件的实时在线智能监控、数据信息的传输、采集与分析、智能检测故障等功能。通过这些技术，我们还可以实现车辆

的寿命预测以及各类辅助安全、管理等功能，从而提升车辆的全生命周期管理效率。

其次，智能控制与优化技术在生产线上也大有可为。通过添加多种复合传感器，如温度、湿度、压力、振动、加速度等传感器，我们可以实时监测装配过程，实现车辆识别的自动化、设备控制的智能化、质量控制的实时化、过程管理的透明化。同时通过与网络互联互通，我们可以实现制造过程的少人化、故障检测运维的自主化以及在线学习的自主化。

此外，打造智能工厂也是智能控制与优化技术的重要发展方向。通过实现制造MES、数字工艺平台、物流仓储配送系统、质量QMIS系统、计划排产系统、设备管理等方面的智能化，我们可以实现从客户需求、产品设计、工艺、采购、制造、物流、售后整个过程的高度集成。这将有助于缩短产品研发设计周期，降低设计到生产制造之间的不确定性，提高制造过程的效率，降低产品成本，实现对产品整个生命周期系统高效的管理。

智能控制与优化技术在轨道车辆智能制造中的发展方向是实现更高效、更安全、更环保的生产模式，这需要我们借助现代科技手段，构建先进的研发体系，实现智能化生产线和智能化工厂的建设。同时我们还需要不断进行技术研发和创新，以适应不断变化的市场需求和日益严格的环保要求。

随着信息技术和人工智能技术的不断发展，智能控制将会迎来更加广阔的发展前景和应用空间。未来智能控制的发展趋势主要包括以下几个方面：

1. 多模态感知和信息融合：通过多种传感器的组合和信息融合，对系统的状态进行全面感知和准确判断，提高控制系统的感知能力和决策能力。

2. 深度学习和强化学习：利用深度学习和强化学习等人工智能技术，实现对控制系统的自主学习和优化控制，提高系统的控制性能和适应性。

3. 虚拟现实和增强现实：通过虚拟现实和增强现实技术，实现对控制系统的可视化和仿真，提高控制系统的设计和调试效率。

4. 云计算和大数据分析：利用云计算和大数据分析技术，实现对控制系统的远程监控和调度优化，提高系统的管理效率和资源利用率。

智能控制原理是实现智能控制的理论基础和核心内容。智能控制具有自适应性、学习能力、多目标优化等特点，被广泛应用于工业自动化、交通运输、能源管理、环境监测等领域。未来智能控制的发展趋势主要包括多模态感知和信息融合、深度学习和强化学习、虚拟现实和增强现实、云计算和大数据分析等方面。随着科技的不断进步，智能控制将进一步提升系统的智能化水平，为人类社会的发展和进步做出更大的贡献。

随着科技的迅速进步和智能化时代的到来，智能控制与优化技术已经成为轨道车辆智能制造中的重要发展方向，智能控制与优化技术将在轨道车辆智能制造中发挥更大的作用，引领产业向更高效、安全、环保和可持续的方向发展。以下是对未来智能控制与优化技术在轨道车辆智能制造中的发展方向的论述：

1. 应用制式多样化

随着科技的不断进步，轨道交通装备制造领域正在经历一场变革。传统的轨道交通装备制造模式已经无法满足现代城市发展的需求，因此新制式轨道交通装备应运而生。新制式轨道交通装备包括现代有轨电车、磁悬浮列车、空铁、悬挂式单轨等，这些新制式轨道交通装备具有运量小、投资低和建设周期短等特点，能够满足不同区域交通的需求。

2. 智能制造深入推进

智能制造是全球制造业的重要发展趋势，对轨道交通产业产生了深远影响。未来，智能制造技术将在轨道交通领域得到广泛应用，包括智能传感技术、工业互联网等系统集成应用。智能制造装备和先进工艺的推广应用将提高轨道交通装备的性能和效率，推动轨道交通产业向中高端迈进。

3. 强化互联互通与信息共享

未来的智能轨道车辆将更加注重网络化、信息化和智能化的发展。智能控制与优化技术将在轨道车辆智能制造中发挥重要作用。智能控制与优化技术将促进轨道车辆与城市基础设施之间的互联互通。通过先进的通信技术，轨道车辆可以实时获取城市交通情况、天气、人流情况等信息，实现智能调度和优化运营。这将有助于提高轨道车辆的运营效率，减少拥堵和延误，提升乘客的出行体验。智能控制与优化技术将推动轨道车辆与城市其他交通方式互联互通。通过与公共交通、出租车、共享单车等交通方式的协同，实现城市交通的全面优化。这将有助于提高城市交通的整体效率，减少交通拥堵和环境污染。智能控制与优化技术将促进轨道车辆的信息共享。通过大数据和云计算技术，轨道车辆可以实时收集和分析各种数据，包括车辆运行状态、乘客出行习惯、设备维护信息等。这将有助于提高轨道车辆的维护和运营水平，降低运营成本，提高安全性。

三、轨道车辆智能制造中智能控制与优化技术的未来前景

随着科技的飞速发展和智能化时代的到来，智能控制与优化技术在轨道车辆智能制造中扮演着越来越重要的角色。在未来的发展中，智能控制与优化技术将引领轨道车辆智能制造产业向更高效、安全、环保和可持续的方向发展。

1. CPS信息物理系统的应用

CPS信息物理系统是一种将物理世界与数字世界紧密融合的技术，通过建立轨道板厂数字模型，搭建轨道板厂智能制造框架，实现制造过程的智能化管控。基于智能制造新型装备的应用，在企业制造设备层面实现互联互通，然后在此基础上，实现制造过程的智能化管控，最终实现设备协同、制造流程协同，形成自动化、信息化、网络化的生产管理模式。通过CPS信息物理系统的应用，可以实现信息感知、优化决策、实时控制、智能制造、卓越供应，CPS信息物理系统的研究和应用对于推动中国制造业的转型升级具有重要意义。

2. 大数据技术的应用

大数据技术是智能制造的核心技术之一，通过对海量数据的采集、存储、分析和挖掘，可以发现数据中的规律和趋势，为决策提供科学依据。大数据技术将在未来轨道车辆智能制造中发挥不可或缺的作用，推动轨道车辆智能制造产业向数字化、网络化、智能化方向发展。

3．人工智能技术的应用

人工智能技术是智能制造的核心技术之一，通过模拟和扩展人类智能，可以实现自主决策和自主学习。在轨道车辆智能制造中，人工智能技术的应用将大大提高生产效率和质量，降低生产成本和资源消耗。人工智能技术将在轨道车辆智能制造中发挥作用，推动轨道车辆智能制造产业向数字化、网络化、智能化方向发展。

4．5G技术的应用

5G技术是新一代移动通信技术，具有高速率、低时延、大容量等特点，可以为智能制造提供更高效、更稳定的数据传输和处理能力。5G技术将会在轨道车辆智能制造中发挥更大的作用，推动轨道车辆智能制造产业向数字化、网络化、智能化方向发展。

智能控制与优化技术在轨道车辆智能制造中具有广阔的发展前景。通过不断研究和应用新技术，我们可以推动轨道车辆制造业向更高效、安全、环保和可持续的方向发展。同时，我们也需要关注技术发展的同时带来的挑战和问题，如数据安全和隐私保护等，以确保技术的健康发展和社会效益的最大化。

第六章 轨道车辆智能制造的关键技术四：机器人与自动化技术

机器人与自动化技术是汇聚了机械工程、电子科技以及计算机科技等多个领域最新研究成果的尖端技术，这不仅代表着机电一体化的最高成就，同时也是当前科技发展中最活跃、最引人注目的领域之一。在先进的工业体系中，机器人与自动化技术已有将近半个世纪的飞跃式进步，它们的技术越来越完善，并且其发展程度已经变成评估一个国家生产力及科学技术程度的关键指标。

第一节 机器人与自动化技术的基本概念与分类

一、机器人的基本概念

机器人是一种能够自主或半自主工作的智能机器，可以通过编程和自动控制来执行各种任务。它们具有感知、决策和执行等基本特征，能够辅助或替代人类完成危险、繁重和复杂的工作，从而提高工作效率和质量，为人类生活提供更好的服务。

机器人的应用范围广泛，涉及制造业、医疗保健、交通运输、农业、服务业等多个领域。随着技术的不断进步和应用场景的不断扩展，机器人在轨道智能制造中的应用前景也越来越广阔。例如，在2017年在南京举办的世界智能制造大会上，一款名为"智能检修机器人"的轨道车辆智能检修系统首次实现了自动化和智能化检测，显著提高了列车的故障识别率和检测效率。此外，中车青岛四方车辆研究所成功研发了三种智能巡检机器人，包括动车组智能巡检机器人、机车智能巡检机器人和地铁智能巡检机器人。这些机器人的应用为轨道智能制造领域带来了重要的创新和突破。

二、机器人的分类

1987年，国际标准化组织对工业机器人进行了明确定义，将其定义为一种具备自动控制和移动功能的可编程操作机，能够执行各种任务。这个领域的研究和应用在近年来得到了极大的活跃和扩展，成为智能工业自动化领域的重要标志之一。

一个国家工业自动化水平的高低可以通过其工业机器人的应用情况来体现。随着工业机器人技术的不断发展和应用，它们在生产制造、物流运输、医疗卫生等领域的应用越来越广泛，为人类的生产和生活带来了极大的便利。

在轨道车辆智能制造领域中，按照工业机器人的相关用途主要分为以下几种：

1. 组对机器人：在轨道车辆产品的制造过程中，部分组对工艺流程可以通过机器人来代替人工进行相关操作，来实现自动化的组对安装过程，这是组对机器人的主要功能（图6.1所示）。例如，构架焊接组对机器人可以自动组装转向架，构架侧梁内腔等结构。

图6.1　组对机器人

由于不同车型所使用的横梁构造各有其独特性，因此需要使用可以适应各类横梁结构的预设程序来操作机器人进行组对工艺。机器人具备灵活搬运和精确拼接能力，可以节省人工成本并解决生产线系统中的问题。

2. 喷涂机器人：喷涂机器人主要由智能控制系统、智能视觉系统和防爆喷涂机器人三部分组成。通过自动离线编程软件，可以生成与轨道智能制造车辆相关的打磨、抛光程序。与人工喷涂作业相比，喷涂机器人具有涂层均匀、提高涂料利用率、重复精度好、运动速度快、工作效率高等优点，能够将工人从有害和易燃易爆的工作环境中解放出来。喷涂机器人如图6.2所示。

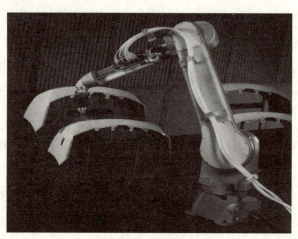

图6.2 喷涂机器人

然而，喷涂机器人在工程应用中喷涂曲面时，喷涂图案会变形，涂层厚度也会改变。在追求机器人喷涂轨迹规划的有效性和涂层的质量方面，涂层厚度模拟的准确性也非常关键，基于计算流体动力学的方法是涂料厚度计算的趋势，计算复杂表面动态喷涂的涂层厚度是需要解决的关键问题。

3. 焊接机器人：焊接是机器人应用最广和需求最为迫切的工艺之一。焊接作业的质量直接影响到产品质量。相比于人工作业，焊接机器人（图6.3所示）可实现焊接过程均匀稳定，可连续作业，改善操作环境，可远程操控、自动完成焊接作业。但焊接机器人难以处理因自然因素引起的焊缝位置变化，但感知反馈机器人借助电弧、超声波、相机等传感检测及离线编程，在功能上可识别焊缝位置，现已投入工业生产中。

图6.3　焊接机器人

焊接机器人的类型可分为点焊智能机器人、弧焊智能机器人和激光焊接智能机器人，市场上常见的是点焊智能机器人和弧焊智能机器人。焊接智能机器人是一种自动化设备，能够在大批量的生产中代替人工进行焊接，从而提高了轨道车辆生产制造效率和产品质量。

（1）点焊智能机器人

点焊智能机器人是由机器人本体、计算机控制系统、电焊焊接系统以及示教盒等部分组成。点焊智能机器人在加工过程当中具有高效、精准、稳定的特点，不仅可以提高生产效率，还可以减少生产成本，提升工业产品的质量和可靠性。点焊智能机器人被广泛应用于汽车制造行业、集装箱行业、煤矿等行业领域。

（2）弧焊智能机器人

弧焊智能机器人是由示教盒、机器人本体、焊接电源、控制盘以及自动送丝装置等部分组成。弧焊智能机器人具有稳定性高、产品生产计划明确，易控制产品产量，焊接质量高以及能改善工人的劳动条件等的特点。弧焊智能机器人被广泛应用于各类机车、汽车、摩托车及家电等行业零部件焊接。

（3）激光焊接智能机器人

激光焊接智能机器人主要由机器人以及焊接设备两部分组成。激光焊接智能机器人能够焊接各种类型材料，具有焊缝精度高、热影响区小，能够很好地避免常见的焊接缺点等特点。激光焊接智能机器人被广泛应用于轨道车辆制造、汽车、电子设备、航天航空等行业领域。

4. 装配机器人：装配机器人利用吸附式、夹钳式等末端执行器夹持工件，通过移动旋转关节、转动腕关节进行装配工作，在移动过程中运动轨迹具有约束性，同时在路径跟踪、电机控制、精准抓取与操作等方面有严格的要求。

5. 组装机器人：在轨道车辆智能制造中，组装机器人广泛应用于零部件的自动化装配或压装、螺栓自动拧紧以及内部物料转运等环节。这些机器人通过机械臂进行装配操作，并具备自动选择扳手和套筒施加扭矩的能力，同时能够记录扭矩数值。这种应用方式显著提升了装配精度和效率，减少了人工成本并降低了操作误差，确保了生产过程中的质量控制。

三、机器人的基本组成

机器人系统由机器人、作业对象及环境共同构成，其中包括机械系统、驱动系统、控制系统和感知系统四个主要部分，它们之间的关系如图6.4所示。

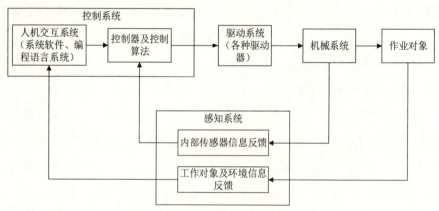

图6.4　机器人的基本组成及相互关系

1. 机械系统

工业机器人的机械系统主要由机身、臂部、手腕和末端执行器等部分组成。每个部分都具备一定的自由度，从而构成一个多自由度的机械系

统。此外，一些机器人还配备了行走机构，这些机器人被称为行走机器
人。如果机器人不具备行走机构和腰转机构，那么它就被称为单机器人
臂。末端执行器是直接安装在机器人手腕上的重要部件，它可以是两个或
多手指的手爪，也可以是喷枪、焊枪等作业工具。这个机器人的机械系统
在功能上类似于人类身体（即骨骼、手、臂、腿等）。这些组成部分协同
工作，使机器人能够执行各种复杂的任务，无论是抓取物品还是执行精细
的工作，都展现出了机器人的高效率和高精度。

2. 驱动系统

驱动系统是指驱动机械系统动作的装置，根据不同的驱动源，驱动系
统可以分为电气、液压、气压驱动系统以及结合应用的综合系统。这个部
分的功能相当于人类的肌肉，负责推动机械系统执行各种动作。

3. 控制系统

控制系统的任务是，基于机器人的作业指令程序以及从传感器获取的
反馈信号，对机器人的执行机构进行控制，使其能够完成既定的运动和功
能。若该控制系统不具备信息反馈特征，则被称为开环控制系统；若具备
信息反馈特征，则被称为闭环控制系统。

该部分的核心构成包括计算机硬件和控制软件。在软件部分，主要由
人机交互系统以及控制器及控制算法等部分组成，前者负责实现人与机器
人的交互。这部分的功能类似于人类的大脑，负责处理和决策机器人的行
动和反应。

4. 感知系统

感知系统由内部传感器和外部传感器组成，负责获取机器人内部状态
和外部环境的信息，并将这些信息传递给控制系统。内部传感器监测关节
的位置和速度等变量，为闭环控制系统提供反馈信息。外部传感器则监测
机器人与周围环境的状态变量，例如距离、接近程度和接触情况等。这些
信息有助于引导机器人识别物体并做出相应的处理。通过感知系统，机器
人能够感知和理解周围环境，从而以灵活的方式做出反应，为机器人赋予
一定的智能。

感知系统的功能类似于人类的五官，通过感知环境中的信息，机器人能够感知并理解周围的环境，从而做出相应的行动和反应。这样的感知能力使得机器人能够与周围环境交互，并适应不同的工作场景。通过感知系统，机器人能够更加智能地运行和执行任务。

机器人系统是一个典型的机电一体化系统，其工作原理如下：控制系统发出动作指令，驱动器根据指令执行相应的动作，驱动机械系统运动，使末端执行器达到预定的位置和姿态，从而完成特定任务。同时，感知系统实时反馈末端执行器在空间中的位姿信息给控制系统，控制系统将实际位姿与目标位姿进行比较，根据比较结果发出下一个动作指令。这个过程不断循环，直到任务完成为止。

四、自动化技术的基本概念

自动化技术是应用于轨道车辆智能制造中的另一项关键技术。它基于自动控制理论和自动机械装置，旨在实现轨道车辆生产过程的自动化。通过应用自动化技术，轨道车辆智能制造企业能够减轻人力资源和安全管理方面的负担。

自动化技术涵盖了多个领域，包括光电子技术、自动控制系统、传感器技术、电子信息技术、数据通信技术、图像显示技术以及数据分析技术等。这些技术共同协作，实现了发出指令、生产操作、回收信息、运行分析以及动态监测等程序。此外，自动化技术还能进行多层次、多等级的控制，并具备问题诊断功能，为轨道生产制造企业的生产决策和管理提供了有力支持。自动化技术有助于调整生产计划，保障产品质量，提高生产效率，降低成本，并增强市场竞争力。

自动化技术的广泛应用不仅将人们从繁重、重复的体力劳动中解放出来，还使人们在制造轨道车辆的过程中避免了部分危险和脱离恶劣的工作环境。这不仅增强了人类认识世界的能力，也提高了人类改造世界的能力，为人类社会的发展带来了巨大的变革和进步。

五、自动化技术的特点

自动化技术的主要特点在于实现"自动"，即通过技术手段，基本摆脱了人力所带来的各种主观负面影响，使得生产更加高效。以下是自动化技术的主要特点：

1. 提高工人的专业化水平

随着自动化技术在轨道车辆制造生产线上的广泛应用，工人们逐渐从流水作业中解脱出来，转而从事维修和检修等更为专业化的工作。这种就业环境促使工人们不断提高自己的专业技能，因为自动化技术的引入不仅提高了工人的专业化水平，还从宏观角度提升了劳动者素质。随着自动化技术的持续引入，低端工作逐渐被智能生产器械所取代，工人们必须不断学习才能确保自己不被行业淘汰，这促进了工人在意识层面的根本提升，有利于提高工人整体的素质。专业化水平的提高反过来也能提高工人的工资待遇。因此，自动化技术的发展对于提高工人的专业化水平是非常有益的。

2. 提高生产制造的效率

自动化技术以其高效的生产特点，有效解决了传统人工生产的低效问题。在轨道车辆传统生产中，由于涉及环节众多，参与工作人员较多，工人的劳动能力有限，并受到时间和自身条件的限制，导致轨道车辆生产制造的效率难以提升。然而，由于自动化技术的引入，使得生产过程由机械设备运行，不仅不受主观限制，还在提高效率层面发挥着独特的作用。

相比人工生产，自动化生产在准确性上具有显著优势。由于人为因素，轨道车辆零件生产过程中容易产生瑕疵，而自动化生产则能有效避免这一负面影响。效率是衡量一个轨道车辆智能制造企业能否实现规模经济的重要指标，因此要注重相关轨道车辆生产制造厂商的高效运作，不断推动自动化技术的提高。通过自动化技术提高生产效率和准确性，切实提升企业的经济效益。

3. 具有高精度和高速度

自动化技术可以执行高精度和高速度的生产任务。例如，在机车车身焊接过程中，自动化焊接机器人可以实现精确的焊接操作，保证焊接质量和效率。同时自动化技术也可以实现高精度和高速度的装配、涂装和检测等过程，提高轨道车辆的生产效率。

4. 质量控制精确

自动化技术可以在整个生产过程中实现质量控制和质量检测。通过自动化设备和传感器的应用，可以实时监测轨道车辆生产过程中的参数和指标，进行自动调整和纠正，以保证产品符合质量要求。

5. 高度集成

自动化技术可以实现不同环节的高度集成和信息共享。通过数据传感器、机器人、自动控制系统等技术的应用，可以实现轨道车辆生产过程中的数据采集、实时监测和远程控制，提高轨道车辆智能生产的效率和可控性。

6. 安全性能高

自动化技术可以大大提高轨道车辆智能化生产的安全性。自动化设备、机器和系统都有完善的安全保护功能，可以在生产过程中对危险因素进行预警、隔离和纠正，有效避免人为操作失误和事故的发生，保障生产人员的安全和健康。

六、自动化技术的分类

在轨道车辆智能制造中，自动化技术可以分为以下几个分类：

1. 机器视觉技术：通过摄像头和图像处理算法来实现对轨道车辆制造过程中的图像识别、缺陷检测和尺寸测量等功能。

2. 机器人技术：使用机器人来执行轨道车辆制造过程中的重复性和繁重的任务，如组装、焊接、喷涂等。机器人可以提高生产效率和质量，并减少人力投入。

3. 自动化控制系统：通过使用计算机控制系统和传感器，对轨道车辆制造过程中的各个环节进行监控和调节，实现自动化生产。自动化控制系统可以提高生产线的稳定性、一致性和生产效率。

4. 自动化装配技术：利用自动化装配设备和工具，完成轨道车辆的组装任务。这包括自动装配线、自动化工装和机器人装配等。自动化装配技术可以提高装配速度、装配的准确性和一致性。

5. 自动化搬运与物流技术：使用自动化设备，例如搬运机器人、AGV（自动引导车）和机械臂等，来处理和转移轨道车辆制造过程中的零部件和材料。自动化搬运与物流技术可以提高生产线的物流效率和准确性。

6. 自动化检测与测试技术：通过使用自动化设备和传感器，对轨道车辆进行各种测试和检测，包括性能测试、功能测试和安全性测试等。自动化检测与测试技术可以提高测试效率和结果准确性。

这些自动化技术的应用可以使轨道车辆制造过程更加高效、精确和可靠。它们是实现轨道车辆智能制造的关键技术和手段。

第二节　轨道车辆智能制造中的机器人与自动化技术应用案例

一、机器人在制造行业中的应用案例

在现代工业的发展中，机器人技术在智能制造中的应用越来越广泛。机器人是一种机械设备，它具有程序能力、自主学习能力和感知分析能力。在制造业中，机器人技术可以增强生产效率、降低人力成本、提高产品质量和减少生产风险。接下来将主要介绍一些典型的应用机器人案例。

1. 汽车制造业中的机器人应用

汽车制造业是应用机器人的主要领域之一，因为汽车生产线通常有极高的自动化水平，需要大量的机器人来完成烦琐的工作。丰田汽车拥有一家"智能工厂"，该工厂拥有无人驾驶车、机器人和物联网技术，能够实现数字化的生产线监控和调度。机械手臂（图6.5所示）用于汽车零部件的组装、涂漆和焊接，它们能够完成高精度的操作，并且能够适应不同型号的汽车生产。机器人还用于在汽车生产中进行自主检测和质量控制，确保汽车质量稳定可靠。另外，机器人还能够降低工人的劳动强度和安全风险，提高汽车制造业的生产效率和经济效益。

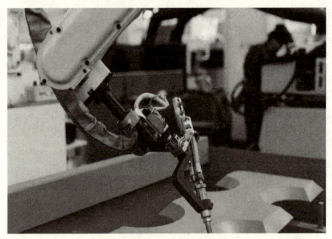

图6.5　机械手臂

2. 食品加工业中的机器人应用

食品加工业是需要高卫生标准的行业，传统的生产方式通常需要人工操作，这增加了产品受污染的风险，同时也会降低生产效率。机器人应用可以有效地解决这些问题。机器人系统可以用于生产汉堡，机器人可以完成切割面包、烘烤肉饼、装配蔬菜和包装流程。机器人能够保持食品的卫生条件，避免食品受到外部污染，并提高生产效率和质量。食品企业在引入机器人后，还可以通过收集和分析生产过程中的数据，对生产线进行优化。

3. 医疗保健领域中的机器人应用

机器人应用在医疗保健领域中，可以用于手术操作、药物配送、医疗检测和病人情况追踪等。在手术时，机器人能够提供更加准确的手术操作，减少患者的风险和疼痛。在药物配送时，机器人可以向病人交付药物并减少护理人员的工作。在医疗检测时，机器人可以高效地收集患者的生理数据和病历信息。在病人情况追踪中，机器人可以提高病人的护理质量，实现医护资源的合理分配。应用机器人技术能够使医疗保健系统更加高效、安全。

4．消费品制造业中的机器人应用

消费品制造业中，机器人应用的主要目的是提高生产效率和质量。例如，在饮料制造中，机器人可以完成瓶子的清洗、填充、封盖和包装的自动化流程。在电子产品制造中，机器人可以完成零部件的安装、电子元件的焊接和测试等多项技术应用。在服装制造业中，机器人可以完成多类型工艺的自动化制作过程。机器人技术的应用使得制造工业实现了快速、高效、便利的大规模生产。

总之，机器人技术的应用已经走进我们大部分经济领域，提高了产品质量、生产效率并降低成本，使得智能制造成为现代工业发展的关键所在。对于轨道车辆智能制造企业而言，只有了解不断发展的机器人技术，并综合考虑应用领域的特权和局限，才能更好地解决自身生产过程中遭遇的问题。

二、自动化技术在轨道车辆生产线中的应用案例

随着科技的迅速发展，自动化技术已经广泛应用于各个制造行业。自动化技术的应用可以帮助轨道车辆制造企业提高生产效率、降低成本、提升产品质量。

接下来以自动化装配线为例来介绍相关自动化技术。中车青岛四方于2017年建成了一条转向架自动化装配生产线，该生产线主要应用于动车组转向架制造生产。转向架自动化装配线的基本组成如图6.6所示，主要包括装配线系统、配料系统、AGV输送系统和零部件输送系统。

装配系统包括两条作业内容相同的装配线，每条装配线包含5个工位，且呈直线分布。每个装配工位都配备扭矩控制系统、打卡设备、无线条码扫描枪、手持终端等设备。同时装配工位都分配两名操作工人，分别位于工位左右两边进行作业。转向架依次经过5个装配工位，装配完成之后转向架经过扫码到达下游生产线的转向架立体仓库进行储存。

配料系统设置5个配料工位，每个配料工位都配备无线条码扫描枪、手持终端、打卡设备、RFID读取装置等设备。每个配料工位分配两名配料

工人，根据装配线中央管理系统下达到配料区域的工单情况进行零部件分拣、来料检查及配料。

AGV输送系统共包含10辆AGV输送车，AGV按照固定行走线路完成转向架构架的上料、配合操作工人完成转向架的组装、完成转向架的运输等任务。

零部件输送系统中所有托盘均安装RFID芯片，同时升降机、入库台位、出库台位、出料口均设置了RFID读取装置，准确地掌握零部件的流向以及正确的存储库位。配料完成的实托盘经过上层滚筒传送带运输，到达入库台位，通过堆垛机识别之后，运输到达零部件立体仓库相应库位进行存储。待某出料口空缺时，堆垛机将相应的零部件托盘输送到对应的出料口，等待操作人员拣选。拣选后的空托盘由堆垛机运输到出库台位，采用下层滚筒传送带运输至托盘存放区。

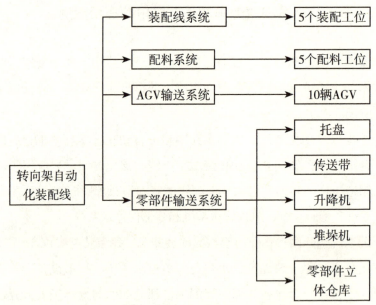

图6.6 转向架自动化装配线主要组成部分

第三节　机器人与自动化技术在轨道车辆智能制造中的挑战与发展方向

一、轨道车辆智能制造中的人机协作问题

研究人员提出人机协作的嵌套框架，由3个交互级别组成，任意更高交互级别都需要保证较低交互级别的特征参与，交互级别由低到高分别为安全、共存和协作，框架如图6.7所示。

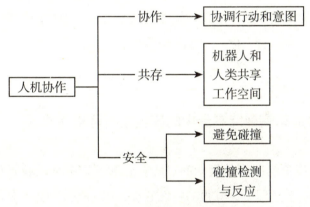

图6.7　人机协作的嵌套框架

安全是最基本的先决条件，在协作的轨道车辆智能制造工作场所中，人与机器人一起工作，既要避免碰撞防止机器人与环境、机器人与人之间的有害接触，又要做好碰撞后的策略即最小化接触力。机器人能够检测碰撞并作出反应，将人与机器人或两个实体之间的接触力和能量交换限制在安全范围内。共存模式是基础，以轨道车辆工业制造机器人为例，可由人工示教或离线编程的方式对机器人进行编程规划任务，人工示教方式仅适用于在简单几何形状的工件上在线编程简单任务，该技术逐渐被离线编程所取代。离线编程借助于在机器人工作单元的3D模型中远程模拟任务，在喷涂、焊接等领域有广泛应用，虽然对机器人的编程所需时间依然非常

长，但编程期间无需停止生产。最高级的交互为协作，即协调行动和意图，可使用基于视觉和声音来进行引导的交互模式、增强现实（AR）、虚拟现实（VR）技术应用于机器人编程，助力装备制造。协作类型的机器人主要应用于轨道车辆生产线，执行装配线上的辅助装配和质量检测作业。

接下来以车站智能服务机器人为例来讲解人机交互。机器人多采用触摸屏和语音的方式与人进行交互，界面以人机交互的形式友好地为乘客提供问答、票务查询等服务，可增强乘客的乘坐体验，提高轨道交通系统的服务水准。触摸屏交互方式的应用已经普及，语言技术不断发展，服务机器人也开始加入语音功能。语音交互常采用语音识别技术来识别乘客声音中的文字信息，通过自然语言处理技术准确理解乘客意图，在机器人丰富的知识库中提取出购票、天气与地图等信息查询相对应的答案，发出准确的回复指令，经语音合成技术生成语音信息，最终以语音、图片和视频等形式展现给乘客。

二、轨道车辆智能制造中的安全性与可靠性要求

轨道车辆智能制造是复杂的过程，包含了多方面的技术以及工艺程序，因此在制造过程中会有很多突发意外，以下是在轨道车辆智能制造中提出的相关安全性与可靠性方面的要求：

1. 设计和制造安全性：轨道车辆在设计和制造过程中必须遵循相关的安全标准和规定。车辆的结构强度和稳定性需要得到相关验证，以确保其在运行中不会发生意外事故。此外，必须考虑轨道车辆的防火、防爆和紧急撤离等安全性要求。

2. 数据和隐私安全性：轨道车辆智能制造涉及大量的数据收集和处理。保护数据和隐私的安全性是至关重要的。必须采取适当的措施来保护数据的机密性、完整性和可用性，防止未经授权的访问和数据泄露。

3. 维护和检修安全性：轨道车辆的维护和检修过程也需要注意安全性。维修人员必须接受专业的培训和指导，使用适当的工具和设备进行维

护工作，并严格按照相关的安全操作程序和规程进行操作，以避免发生意外和人为错误。

4. 产品可靠性：轨道车辆的可靠性指的是车辆在运行过程中保持正常工作的能力。这涵盖了各个部件和系统的可靠性要求，如机械、电气、电子、控制等系统的可靠性。车辆的各个部件和系统需要通过合适的工艺和质量控制来确保其达到设计寿命，并在正常运行和环境条件下保持可靠性。

5. 生产过程可靠性：轨道车辆的制造过程中，生产设备和工艺流程的可靠性也是关键。生产设备应保持良好的状态，并按照标准的操作规程进行操作和维护。在生产过程中应严格执行品质控制和质量保证措施，以确保产品的一致性和可靠性。

为满足这些安全性和可靠性要求，需要在整个轨道车辆智能制造过程中，从设计到运营一直保持高度的关注和管理。采用先进的技术、合规的标准和严格的质量控制措施，可以确保轨道车辆的安全性和可靠性水平得到有效提升。

三、轨道车辆智能制造中的机器人与自动化创新

采用机器人和自动化技术可以实现轨道车辆的自动化装配和自动化生产。机器人可以执行各种复杂的操作，如零部件装配、焊接、喷涂等。通过将机器人与传感器和视觉系统相结合，可以实现高精度和高效率的生产工艺流程。同时自动化生产线可提高产品生产效率，缩短生产周期。

此外，在机器人和自动化技术中有诸多创新。在自动化技术中，柔性自动化系统可以根据需求快速适应不同的智能制造工作任务和环境。传统的自动化系统往往是定制化和刚性的，而柔性自动化系统可以通过模块化和可编程的方式快速配置和适应不同的工作流程和产品变化。

而在机器人技术中，协作机器人正在不断创新和发展。协作机器人是一种具有高度灵活性、安全性和可协作性的机器人，它可以与人类工作在同一工作空间内，共同完成任务。与传统的工业机器人相比，协作机器人

具有自适应性和可定制性，可以快速适应多样化的轨道车辆智能制造生产任务和服务需求，很好地满足了智能制造柔性化定制的要求。随着人口老龄化和人力成本的增加，减少人工成本和减轻人们的劳动强度也成了各行各业要着重考虑的问题，这给协作机器人提供了很大的应用空间。在现代物流行业中，由于商品的种类、数量以及分拣速度等大幅度提升，使用协作机器人已成为趋势；在医疗行业，手术机器人已成为协作机器人成功的典范；在家政、养老服务等领域，协作机器人将会扮演重要的角色；在核电、航天等特种环境，协作机器人也显示出很好的应用前景，还有更多的应用场景也正在人们的规划之中。

第七章　轨道车辆智能制造的关键技术五：人工智能与大数据技术

第一节　人工智能与大数据技术的基本概念与方法

人工智能是一门研究、开发用于模拟、延伸和扩展人类智能的理论、方法、技术及应用系统的学科。这个领域的研究极具挑战性，因为它要求从事者具备计算机知识、心理学知识和哲学知识。人工智能涵盖了广泛的学科领域，包括机器学习、计算机视觉等。总的来说，人工智能研究的目的是使机器能够胜任一些通常需要人类智能才能完成的任务。

一、人工智能的基本概念与方法

（一）人工智能的基本概念

人工智能（Artificial Intelligence，简称AI）是一门研究、开发用于模拟、延伸和扩展人的智能的理论、方法、技术及应用系统的新技术科学。它是智能学科重要的组成部分，旨在了解人类智能的实质，并生产出一种新的能以人类智能相似的方式做出反应的智能机器。人工智能的研究领域包括机器人、语言识别、图像识别、自然语言处理和专家系统等。随着理论和技术的不断进步，人工智能在轨道车辆智能制造领域的应用也在不断发展。

人工智能的目标是使机器能够胜任通常需要人类智能才能完成的复杂任务。通过研究人工智能，我们能够更深入地理解人类智能和思维的过程，并将其应用于轨道车辆智能制造。人工智能涉及的领域非常广泛，包括机器学习、计算机视觉、自动化等。尽管人工智能可以模拟人的意识、思维和信息处理过程，但它并不等同于人类智能。人工智能是一门具有挑战性的科学，从事这一领域的研究人员需要具备计算机知识、心理学以及哲学等多个学科的背景。人工智能在轨道车辆智能制造中的应用不断扩展，为实现智能和自动化的生产提供了新的可能性。

然而，人工智能的发展也面临一些挑战，如隐私和安全问题、伦理和法律考虑等。因此，在推动人工智能发展的同时，我们也需要认真思考其中的伦理和社会影响，并采取相应的措施来确保人工智能的良性应用。

（二）人工智能的实现过程

近年来，机器学习和深度学习的突破推动了人工智能的飞速发展。有科学家指出，人工智能是一组试图模仿人类智能的算法和智能。其中，机器学习是一种重要的技术，而深度学习是机器学习的一种特殊形式。

简而言之，机器学习通过读取计算机数据并利用统计技术，能够逐步提高完成任务的质量，从而避免了数百万行代码的需求。机器学习包括有监督学习和无监督学习两种形式。

深度学习是一种特殊的机器学习方法，其运行方式受到生物神经网络架构的启发。神经网络包含许多隐藏层，这些隐藏层能够处理数据，使机器进行"深度"学习，建立连接并加权输入以获得最佳结果。以上便是人工智能的整个实现过程。

（三）人工智能在制造行业的应用

随着人工智能技术的不断发展，其在智能制造行业的应用也越来越广泛。以下是人工智能的主要应用方面。

1. 自动化生产流程

通过自动化设备和人工智能技术，可以实现对生产流程的全面监控和自动控制。机器视觉和深度学习等技术可以识别和跟踪生产过程中的各种参数，实现生产过程的自动化控制。同时，人工智能还可以根据历史数据和市场需求预测未来的生产趋势，为生产计划提供更多的数据支持。

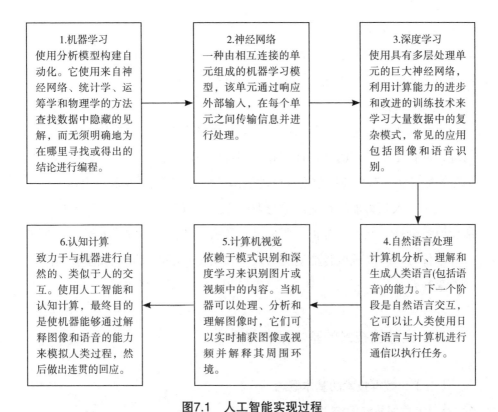

图7.1　人工智能实现过程

2．智能化设备管理

通过智能化设备管理，可以实现设备的远程监控和维护。人工智能可以自动检测设备的运行状态，及时发现潜在的故障，并通过智能化的预测性维护，避免设备停机和维护成本的浪费。此外，人工智能还可以通过智能算法，对设备的运行数据进行优化，提高设备的运行效率和稳定性。

3．预测性维护

预测性维护是指通过分析设备的运行数据和历史维护记录，预测设备可能出现的故障和维护需求。人工智能可以通过深度学习技术，建立设备的故障预测模型，从而实现预测性维护。这种方式可以提高设备的可用性和减少维修成本。

4．质量控制

人工智能在质量控制方面的应用也越来越广泛。通过机器视觉技术，人工智能可以实现对产品质量的自动检测和分类。同时，人工智能还可以通过深度学习技术，建立产品质量预测模型，实现对产品质量的实时监控和预测。这种方式可以提高产品质量和减少质量缺陷。

5. 供应链优化

人工智能可以通过分析供应链数据和市场需求，实现对供应链的优化管理，制订更加合理的采购计划和库存管理策略。同时，人工智能还可以通过智能算法，对供应链数据进行优化，提高供应链的效率和稳定性。

总之，人工智能在智能制造行业的应用可以实现自动化生产流程、智能化设备管理、预测性维护、质量控制和供应链优化等方面的提升。这些提升不仅可以提高机械智能制造的效率和质量，还可以降低成本和提高企业的竞争力。

二、大数据技术的基本概念与方法

（一）大数据技术的基本概念

1. 大数据技术的定义

大数据技术是指对规模庞大、类型繁多的数据集进行管理、存储、处理、分析和应用的技术。它包括多种技术和方法，如数据挖掘、机器学习、自然语言处理、分布式存储和计算等。大数据技术的目标是从海量的与轨道车辆智能制造有关的数据中提取有价值的信息和知识，为轨道车辆智能制造的决策提供支持和指导。

2. 大数据技术的特征

大数据技术的特征主要包括数据规模大、处理速度快、数据类型多样、数据价值高等几个方面。第一，大数据技术处理的数据规模巨大，数据可能来自传感器、社交媒体、日志记录等，需要分布式处理和存储。第二，大数据技术需要处理数据的速度非常快，需要运用实时流数据处理，并通过高效的并行处理技术提高数据的处理效率。第三，数据类型多种多样，包括结构化数据、半结构化数据和非结构化数据。这就需要大数据技术能够支持海量数据的分析和处理。第四，大数据技术处理的数据具有很高的价值，它可以帮助用户对数据进行深度分析，支持轨道车辆智能制造过程中的决策制定和业务创新。

3．大数据技术的价值

首先，大数据技术可以提高轨道车辆智能制造中的数据分析效率和精度。大数据技术的核心理念是将庞大而复杂的数据集合通过分析和挖掘，提取其内在的规律与价值。而大数据技术所采用的分布式存储和并行计算技术，可以让数据分析得更快、更精准。

其次，大数据技术可以为轨道车辆智能制造过程中的相关决策提供更好的参考。随着轨道车辆制造企业规模的扩大和经营范围的多元化，决策者需要面对的数据越发复杂。而大数据技术可以通过对轨道车辆不同数据的整合和挖掘，帮助决策者对市场趋势和产品趋势等方面进行准确判断，从而制订出更加有科学性和实践意义的发展战略和政策。

最后，大数据技术可以促进社会和经济的可持续发展。随着大数据技术的应用，越来越多的社会活动的组织和管理开始依赖于数据的收集和分析。这将推动社会和市场变得更加透明、公平，而这种透明度和公平性也将进一步促进经济和社会的可持续发展。

（二）大数据技术的应用方法

在轨道车辆智能制造过程中，要想从急剧增长的数据资源中充分挖掘出有价值的信息，就需要以先进的分析技术作为支撑。

1．数据采集与预处理

在大数据技术的数据采集与预处理阶段，数据的获取、清洗和融合整合是关键步骤，对于后续数据分析与建模以及数据应用与展示具有重要的影响。

数据获取是大数据技术应用流程的第一步，它涉及各种轨道车辆智能制造过程中的数据源获取。在获取数据时，需要遵循"有目的、有计划、有标准、有保障"的原则，对数据的获取进行规划和管理，确保数据的质量和可用性。数据清洗是指对获取的数据进行处理，使其能够被后续分析时使用。数据清洗的关键在于数据的规范化、去重、去噪和填补缺失值等操作，保证数据的准确性和完整性。数据融合和整合是指将不同数据源的数据进行合并，形成一个全新的数据集合，为后续的数据分析和应用提供更加丰富和全面的数据支持，数据融合和整合需要采用多种方法和算法，包括数据结构的设计、数据清洗的处理。数据标准化的流程以及数据整合的策略等等，最终将数据整合成为一个高质量的数据集合

2. 数据存储和管理

在大数据技术的应用流程中，数据存储和管理是至关重要的步骤。其中，存储介质、存储方式的选择以及数据备份和安全是三个关键方面。

首先，对于存储介质的选择，需要根据数据类型和使用需求进行合理选择。常见的存储介质有传统硬盘、固态硬盘、内存存储和云存储等，需要根据数据量大小、存储速度、可扩展性等因素进行权衡选择，以达到最优的存储效果。

其次，对于存储方式的选择，需要结合具体需求来确定。常见的存储方式有分布式存储、关系型数据库存储和非关系型数据库存储等，要根据数据存储的形式、数据的快速读写需求和实时性需求等方面选择最适合的存储方式。

最后，数据备份和安全也是数据存储和管理的重要环节，数据备份可以避免数据丢失，同时也可以通过备份数据来恢复误删或者系统损坏的文件，数据备份的频率和备份的类型可以根据轨道车辆智能制造中的需求来进行灵活配置。

3. 数据处理和分析

数据处理和分析是大数据技术应用流程中的核心步骤，能够帮助轨道车辆智能制造企业实现数据驱动决策，提升业务价值，从数据分析框架的选择、数据挖掘技术的应用，到业务需求分析和数据分析处理等方面，数据处理和分析的过程需要注重以下三个关键方面。

首先，数据分析框架的选择是数据处理和分析的基础，需要根据数据量大小、实时性等因素进行综合考虑，选择最适合轨道车辆智能制造企业

需求的数据处理和分析框架，同时，需要将框架与轨道车辆智能制造企业已有的IT基础架构结合起来，进行适当的集成。

其次，数据挖掘技术的应用是进行数据分析的重要手段。数据挖掘技术主要包括聚类、分类、关联规则挖掘等。需要根据轨道车辆智能制造企业的具体业务需求，结合数据挖掘技术的特点和优势，选择正确的数据挖掘手段来实现数据分析和挖掘。

最后，业务需求分析和数据分析处理是数据处理和分析中最关键的环节，需要对轨道车辆智能制造企业的具体业务需求进行分析和解构，以明确数据分析的目标和任务，并选择合适的数据分析方法和工具来实现，在数据分析处理的过程中，需要合理运用数据可视化、数据建模等方法来优化分析结果的有效性和可操作性，提高生产效率。

4. 数据可视化和应用

数据可视化可以帮助用户更加直观地理解和使用数据，数据可视化和应用的关键步骤包括可视化工具的选择、数据报告和分析以及应用系统集成和部署三个方面。

首先，在可视化工具的选择方面，需要根据轨道车辆智能制造过程中的数据类型来选择适合的可视化工具和技术手段，包括表格、图表、热力图、地图等多种方式。同时，还需要考虑数据的规模、结构和质量等因素，以选择最合适的数据可视化方案。

其次，在数据报告和分析方面，需要将大数据处理和分析的结果以报告的形式呈现给用户，以满足他们的业务需求和分析目的，这包括基于数据的各种统计分析、数据挖掘以及机器学习算法的结果输出，并将其整合到可视化报告中，为用户提供更直观，更易懂的数据分析结果。

最后，在应用系统集成和部署方面，可以将数据可视化与应用系统集成，以及通过部署到云端移动设备或其他智能制造中的大型平台等多个场景中使得数据可视化更加优化。

第二节　轨道车辆智能制造中的人工智能与
大数据技术应用案例

一、智能制造行业中的人工智能应用案例

　　人工智能技术在多个领域都有广泛应用，其核心能力包括计算智能、感知智能等。智能产品，如工业机器人、智能手机、无人驾驶汽车和无人机等，作为人工智能的载体，通过配备具有感知、判断和实时互动能力的硬件和软件，在各个领域发挥着重要作用。

　　以制造业为例，智能机器人的广泛应用展示了人工智能的多个核心能力。分拣机器人能够自动识别和抓取形状不规则的物体；协作机器人则具备理解并响应周围环境的能力；自动跟随物料小车则通过人脸识别技术实现自动跟随功能。此外，自主移动机器人（图7.2所示）利用自身携带的传感器识别未知环境中的特征，并根据相对位置和里程读数估计全局坐标，从而实现自主导航。

　　无人驾驶技术是另一个应用广泛的领域，它是多种人工智能技术和算法相结合的产物，包括定位、环境感知、路径规划、行为决策和控制等方面。通过感知、判断和决策，无人驾驶汽车能够在复杂的交通环境中实现自主导航和驾驶。

　　除此之外，人工智能技术还在交通、机械制造、医疗和教育等各个领域广泛应用。它的发展使得智能产品和系统能够更加智能地运行，并且实现与用户、环境交互。

　　目前，制造企业中应用的人工智能技术，主要围绕在智能语音交互产品、人脸识别、图像识别、图像搜索、声纹识别、文字识别、机器翻译、机器学习、大数据计算和数据可视化等方面。以下是本书总结的智能制造业中常用的人工智能应用案例。

图7.2　自主移动机器人

1. 制造业中的智能分拣

在制造业中，分拣是一项十分重要、耗时长且成本高昂的任务。人工分拣速度较慢，同时企业需要提供适宜的工作环境，这增加了作业成本。相比之下，工业机器人的智能分拣能够大幅降低成本和提高工作速度。

在面对杂乱摆放的零件时，机器人虽然能够通过其配备的摄像头识别到零件，但最初可能并不清楚如何有效地拣取。此时，我们可以利用机器学习技术来解决这个问题。通过让机器人执行随机的拣取动作，并随后反馈该动作是否成功（即成功抓取到零件或未抓取到），机器人可以在多次尝试和学习后，逐渐理解哪种拣取顺序和策略能够提高其成功率。此外，机器人还会在拣取过程中更精准地定位抓取点，以及找到按照何种顺序进行拣取能够获得更高的效率。

经过几个小时的学习与实践操作，机器人的分拣成功率可以达到90%，与熟练工人的水平相当。这样，不仅大大提高了分拣速度，降低了成本，还消除了人为因素对分拣过程的影响，确保了分拣的准确性。此外，机器人可以连续工作，不受环境和疲劳等因素的影响，能够满足高强度、大规模生产的需求。因此，采用工业机器人进行智能分拣是制造业的发展趋势。

2. 基于视觉的表面缺陷检测

机器视觉在制造业中的应用已经越来越广泛，它被用来快速识别产品表面的微小以及复杂的生产缺陷，如检测产品表面是否有污染物、表面是否有损伤、裂缝等。在环境频繁变化的条件下，机器视觉（图7.3所示）也能够准确地进行检测。

目前，一些智能制造企业将深度学习技术与3D显微镜相结合，将缺陷检测精度提高到纳米级。这种技术能够更加准确地检测产品表面的缺陷，并且修复判定功能也自动进行，一旦判定产品能够被修复，系统会自动规划修复路径及方法，并由相关智能设备执行修复动作。这种自动化的修复过程能够大大提高生产效率，降低生产成本，同时也保证了产品的质量。

通过机器视觉技术，我们可以实现高效、准确的表面缺陷检测和修复，这不仅有助于提高产品质量，也有助于提升生产效率。

图7.3　机器视觉仪器

3. 基于声纹的产品质量检测与故障判断

基于声纹的产品质量检测与故障判断技术是一种利用声纹识别技术实现自动检测异音的方法，通过与声纹数据库的比对发现不良品并进行故障判断。

举例来说，佛吉亚（无锡）工厂与集团的大数据科学家团队合作，从2018年开始致力于将人工智能技术应用于座椅调角器的NVH（噪声、振动和刚度）性能评判。在2019年，他们成功地将人工智能技术应用于调角器异音检测中，通过声纹识别技术自动检测座椅调角器的异音问题。

这种人工智能技术的应用实现了信号采集、数据存储、数据分析到自我学习的全过程自动化，使得检测效率及准确性大大超过了传统的人工检测方法。通过这种技术，他们能够更快速、更准确地检测出产品的问题，并进行故障判断，从而提高产品质量和生产效率。

4. 智能决策

智能决策在工厂智能化生产中可以利用机器学习等人机交互技术，结合大数据分析，在产品升级、运营模式、降低能耗和刀具运用等方面进行完善，以提升轨道车辆智能制造企业的决策水平。

举例来说，一汽解放汽车有限公司无锡柴油机厂引入了智能生产管理系统。该系统可以自动采集异常数据与生产调度数据、基于决策树的异常诊断、基于回归分析的设备停机时间预测以及基于人工智能的调度决策优化等功能。该系统将过去的调度决策流程数据及调度执行后的实际生产性能指标作为训练数据集，采用神经网络算法对调度决策评价算法的参数进行优化，从而确保调度决策符合生产实际需要。通过这种方式，一汽解放汽车有限公司无锡柴油机厂实现了对生产过程的精细化管理，提高了产品质量和生产效率，降低了能耗和刀具消耗，同时也提升了智能制造企业的决策能力。

5. 需求预测

通过运用人工智能技术建立准确的需求预测模型，车辆智能制造企业可以实现更精准的销售预测和维修备料预测，同时可以利用外部数据进行库存补货策略制订、供应商评估和零部件选择，为生产和供应链管理提供指导意见。

基于人工智能技术的需求预测和供应链优化方法可以有效地帮助车辆智能制造企业更好地管理库存、降低成本以及提高客户满意度，并为车辆智能制造企业的长期发展提供有力的支持。

二、大数据技术在焊接行业中的应用案例

随着科技的不断进步和信息技术的快速发展，大数据成为当今世界最

为热门的话题之一。而在智能制造领域，大数据的应用也得到了越来越多的关注和重视。

在过去，焊接工艺的控制和管理大多需要依靠人工来完成，生产数据的记录和数据分析也只是凭借人工经验来完成，这不仅造成了生产成本的提高，而且也带来了较大的安全隐患。而大数据技术的发展进步，为焊接领域提供了更加广泛和准确的数据支持，提高了焊接质量。以下便是大数据技术在焊接领域中的具体应用。

1. 智能化数据采集系统。现代焊接设备和系统趋向智能化，包括电弧焊的焊接电流、电压、转速、噪声等数据，在焊接过程中被各种各样的传感器进行收集，各个数据均被次序记录下来，这样便使得焊接过程中的数据能够得到很好的记录和整合，进而被精准、高效地运用到焊接控制中，最终达到精益化生产事半功倍之效。

2. 数据分析。在焊接过程中产生的数据信息，一般存储在区域性设备的本地数据库之中，难以形成整体数据的分析。而现在，在大数据技术中，可以搭建一个数据平台，准确获取不同制造环节中所产生的数据，并且能够结合数据处理技术，对数据进行挖掘和分析，通过数据的可视化显示和科学计算，直观了解焊接工艺中的关键参数，从而分析出造成问题的原因，快速做出改善措施，提升生产效率和质量。

3. 质量控制。在生产过程中，大数据技术可帮助管理人员快速掌握焊接过程中的关键信息，包括焊接温度、焊接电流、焊接时间和焊接速度等数据的动态跟踪和实时监测，进而能够及时预警和解决生产过程中的问题。总之，利用大数据技术改善焊接过程、管理焊接质量和工艺数据是非常有效的。

大数据技术将焊接工艺转变为一个高效、安全和精准的过程，因此，焊接行业将能够更快、更准确地满足客户的需求，并能够及时因需求的变化而进行调整，使得生产变得可持续和更柔性。各式各样的数据分析和数据挖掘技术带来的信息，使管理人员能够快速准确地分辨出生产中的问题，并采取科学、有针对性的改进措施。

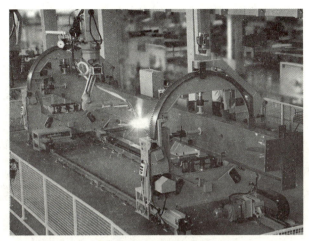
图7.4 焊接工厂

当今科技不断发展，大数据技术的不断创新与应用，促进了各个行业的进步和发展。焊接行业作为重要的制造工艺之一也从中受益。大数据技术的广泛应用，让焊接工艺的数据走向整合、共享，实现精准化、高效化、优化化生产，实现了制造业向数字经济和智慧化生产方式的转型。

第三节 人工智能与大数据技术在轨道车辆智能制造中的挑战与发展方向

一、人工智能与大数据技术在轨道车辆智能制造中的挑战

人工智能已经逐渐渗透到各个领域，并在许多重复性以及危险的作业环节中实现了大规模替代人工的景象。无人工厂和无人仓库变得越来越普遍，这不仅提高了轨道车辆智能制造的生产效率，还降低了生产成本，并确保了产品的一致性。

然而，人工智能的发展也带来了新的挑战。由于人工智能是具有广泛影响力的颠覆性技术，可能会对就业结构、法律和社会伦理、个人隐私保护以及国际关系准则产生深刻的影响和挑战。因此，我们需要认真考虑和

应对这些挑战，以确保人工智能的发展能够更好地服务于人类社会的发展和进步。同时，我们需要正视这些挑战，加强自主创新，推动人工智能技术在轨道车辆智能制造方面的研发和应用，来更好地服务于我国的发展。同时，我们也需要加强国际合作，共同推动人工智能技术的发展和应用，以实现更高水平的人工智能发展。

随着大数据时代的到来，数据的保护和安全越来越受到重视。在大数据技术应用的过程中，隐私和安全是必须考虑的问题。轨道车辆制造过程中涉及大量的敏感数据，如设计图纸、工作日志和装配环节制定等。因此，确保数据的安全传输和存储，以及防止未经授权的访问和恶意攻击是挑战之一。

此外，在大数据技术和人工智能技术的应用中，数据往往来自多个不同的来源，包括结构化数据、非结构化数据、社交网络数据等。这些数据源之间存在着巨大的差异和复杂的关联关系，如何整合和分析这些数据，是未来需要攻克的难题。

并且轨道车辆智能制造过程会涉及大量的数据，包括传感器数据、车辆状态数据、质量控制数据等。其挑战在于如何高效地获取和处理这些数据，以提供可靠的信息支持决策和优化制造过程。

解决这些挑战需要综合运用数据采集、存储和处理技术、智能算法。同时，需要政府、轨道车辆智能制造企业和技术提供商的合作与支持，共同推动人工智能与大数据技术在轨道车辆智能制造中的应用与发展。

智能制造不仅仅是机器和软件的自动化生产，还需要人工智能与人类工人之间的协作。在轨道车辆智能制造以及运维过程中，需要人机协作以提高生产效率和质量。然而，实现有效的人机协作并充分发挥人类工人的技能和经验也是一项重大挑战。

二、轨道车辆智能制造中人工智能与大数据技术的发展方向

近年来，各个行业的各项数据呈爆发式增长，大数据技术出现后，以

其高性能的算法达到了高效分析处理的要求。人工智能技术仍需大量的数据集进行训练和更高级别的人工智能来强化学习，深度学习等机器学习技术也得到了诸多层面和方向的突破进展，以满足行业的更高需求。

边缘智能是人工智能与边缘计算相结合的一项新兴技术。有学者提出了能量收集驱动的云-边缘-端协作物联网平台（EH-Edge），以有效集成能量收集和人工智能，从而提供轨道车辆部件的在线故障预测，通过实际部署和测试，展示了将边缘智能应用于地铁车辆故障预测的效果，以及与传统云计算相比的性能优势。

此外，数据集成和质量控制是实现智能制造的基础。未来的发展方向将包括更加高效、全面和准确的数据集成和质量控制技术，以实现智能制造的全方位、高速度、高精度和高适应的要求。应用人工智能和大数据技术实现轨道车辆智能制造的主要任务之一是优化生产过程。未来的发展方向将包括更加智能化、高效化和定制化的优化和决策支持技术，包括数据挖掘、模式识别、知识表达和逻辑推理等。同时基于大数据和人工智能的预测和维护技术是轨道车辆智能制造的重要组成部分。未来的发展方向将是更加智能、高效和精准的预测和维护技术，包括故障预测、维护计划优化、预警系统和智能诊断等。

随着国家科学技术的发展，在轨道智能制造领域中，将会有更多新技术研发出来，以提高智能制造的生产效率和产品的安全性以及可靠性。

第八章 轨道车辆智能制造的关键技术六：3D打印技术

第一节 3D打印技术在轨道车辆制造中的概述

打印技术在轨道车辆制造中的是一种新兴的技术，其主要涉及的是3D打印技术。3D打印作为一种快速成型技术，可以在无需机械加工的条件下直接打印出任意形状的物体。目前，根据3D打印技术本身的发展状况以及轨道交通装备的实际需要，各装备生产公司已经开始了孵化应用方案多样化、业务模块全方位发展的业务布局，对于技术本身的研究目前正在探讨当中。由于原材料品种的日益丰富、产品设计拓扑优化程度的不断提高，以及测试与认证系统的日益完善，3D打印技术将在未来作为城市轨道交通装备产品设计、研发与生产过程中的重要技术手段之一，以克服常规压铸、焊接与锻压工艺技术中存在的难题。通过3D打印技术，我们可以实现轨道交通的轻量化、绿色化和智能化远景目标。

3D打印是一种先进的制造技术，它可以根据数字模型文件逐层打印可黏合材料，如金属或塑料粉末制品，以制造出目标产品。相较于传统的制造技术，3D打印具有许多优势。它能够实现复杂结构加工和无模具制造，同时还可以实现个性化定制、整合多个零部件和材料，减少材料浪费。在轨道车辆领域，3D打印技术同样得到了广泛应用。轨道车辆的零部件通常具有复杂的结构和形状，传统制造方法难以满足要求。而3D打印技术则可以实现高效、精准的生产，提高轨道车辆的安全性和性能。3D打印技术的出现为制造业带来了巨大的变革和发展机遇。通过使用3D打印技术，企业可以实现更加高效、灵活和个性化的生产方式，提高生产效率和产品质量，同时还可以减少生产成本和资源浪费。随着技术的不断进步和应用领域的不断扩展，3D打印技术将会在更多领域得到广泛应用并创造更多的价值。

然而，3D打印技术在轨道车辆制造中也存在一些挑战和限制，如打印材料的选择、打印设备的成本、打印技术的稳定性等。此外，由于轨道车辆的结构和功能较为复杂，3D打印技术在某些特殊部位的应用还受到一定的限制。

总的来说，3D打印技术在轨道车辆制造中的应用还处于初级阶段，但其发展前景十分广阔。随着技术的不断进步和成本的降低，相信3D打印技术在轨道车辆制造中的应用将会越来越广泛。

第二节　3D打印技术在轨道车辆制造中的应用

尽管3D打印技术在早期主要应用于航空航天、汽车、石油化工和医疗等领域，但铁路行业对其应用甚少。近年来一些科研团队开始关注如何将这一新技术引入到传统铁路产业中，目前仍处于探索阶段，距离实际应用仍存在相当遥远的距离。在轨道车辆制造中，3D打印主要有以下几点应用：改进和优化零部件、生产所需数量少的部件、替换整体部件中的个别零件、针对产品需求，生产低成本部件、打印替换老旧部件、生产交货期短的产品。

一、3D打印技术在轨道车辆零部件制造中的优势

（一）3D打印技术在轨道车辆零部件制造中的优势

3D打印技术在轨道车辆零部件制造中通常使用金属3D打印技术和增材制造技术。

1. 金属3D打印技术

纵观当前发展实际，金属3D打印技术主要包含粉末床熔合（Powder Bed Fusion，PBF）技术和定向能量沉积（Directed Energy Deposition，DED）技

术。粉末床熔合技术又可细分为选择性激光烧结（Selected Laser Sintering，SLS）技术、选择性激光熔化成形（Selective Laser Melting，SLM）技术、直接金属激光烧结（Direct Metal Laser Sintering，DMLS）技术以及电子束熔化成型（Electron Beam Melting，EBM）技术等。定向能量沉积技术包括直接金属沉积（Direct Metal Deposition，DMD）技术、激光工程化净成形（Laser Engineered Net Shaping，LENS）技术、电子束自由成形制造（Electron Beam Freeform Fabrication，EBF）技术以及电弧增材制造（Additive Manufacturing，AM）技术等。其中，较为常见的是金属3D打印技术为SLS、SLM、EBM、LENS这4种。金属3D打印技术实例如图8.1所示。

图8.1　金属3D打印技术实例

金属3D打印技术在轨道车辆制造上是一种先进的制造工艺，它可以充分发挥计算机技术的优势，进一步提升制造效率。与传统的制造工艺相比，金属3D打印技术无需对零件进行拼装和切割，从而有效简化了烦琐的工序。金属3D打印技术可以根据数字模型文件逐层喷射金属粉末，最终形成完整的金属零件。该技术可以实现轨道车辆零件的复杂结构加工和无模具制造，同时还可以实现对轨道车辆的个性化定制、整合多个零部件和材料，并减少材料浪费。在轨道车辆制造领域应用金属3D打印技术时，其具有以下几方面的技术优势：

（1）金属3D打印技术相较于传统机床切割工艺，能够更高效地利用材料，从而避免出现材料浪费的情况，减少生产成本。

（2）金属3D打印在轨道车辆装备生产中有着非常高的经济价值。这种技术在制造铁道车辆零件时，无需借助机器，直接利用电脑进行3D造型，因此，可大大简化制造步骤，缩短产品制造时间，提高工作效率。这从根本上控制了成本并提高了经济效益。

（3）利用3D打印技术，实现对温度、速度、材质等多个参数的精确调控，可有效地提升列车部件的制造品质与精度。该系统能够按照客户的需要定制出对应的产品，从而替代了传统大批量生产的模式。这种方法具有操作简便、工艺要求低等优点。相对于传统的铁路车辆制造，金属材料的个性化定制更易于实现，使得其在制造小型列车等大型复杂结构件时拥有明显的优势。

（4）金属3D打印技术可以实现远程制造产品。依托于互联网，可以在任何具有网络连接的地方发送产品的数字模型，并且不需要依赖于专业的工厂进行生产。只要有3D打印机和原材料，就可以完成产品和零部件的自行打印。

为更好地适应我国铁路车辆生产的轻量化要求，以绿色、智能化的生产模式降低生产成本，我国铁路车辆零部件生产企业正积极探索新的加工制造模式。基于3D打印的无模成形的优点，符合实际应用需求，为我国铁路交通行业的发展提供了有利条件。同时，为适应日益增长的列车乘坐舒适度需求，需要采用新型拓扑优化方法对其进行结构优化，而总体优化存在诸多难点。金属3D打印能够实现复杂构件的快速成型，对我国轨道交通设备的优化设计具有重要意义。目前这一技术还在探索中，还没有得到普及，存在着生产成本低、加工效率低等问题。

2．增材制造技术

增材制造（Additive Manufacturing，AM）也被称为3D打印，它结合了计算机辅助设计、材料加工与成型技术。这种技术以数字模型文件为基础，通过特定的软件与数控系统，将各种专用材料如金属、非金属和医用生物材料，按照挤压、烧结、熔融、光固化、喷射等方式逐层堆积，制造出实体物品。增材制造技术的发展阶段如表8.1。相较于传统的去除、切削、组装原材料的制造模式，增材制造是一种"自下而上"的制造方法，通过材料的累加实现从无到有的过程。这使得过去受传统制造方式约束而无法实现的复杂结构件制造成为可能。近二十年来，AM技术取得了快速的发展，出现了诸如"快速原型制造（Rapid Prototyping）""三维打印（3DPrinting）""实体自由制造（Solid Free-form Fabrication）"等不同叫法，这些叫法从不同角度反映了这一技术的特点。

表8.1 增材制造技术发展历程表

阶段	年份/年	发明人	增材制造成形技术	材料
快速原型制造技术	1983	HullC	光固化成形技术（Stereo Lithograhy Appearance，简称SLA）	光敏树脂
	1986	FeyginM	分层实体制造（Laminated Object Manufacturing，简称LOM）	纸基片材
	1988	Stratasys公司	熔融沉积成型技术（Fused Deposition Modeling，简称FDM）	多种丝材
	1989	Deckard	激光选区烧结（Selective Laiser Sintering，简称SLS）	多种粉材
	1993	麻省理工学院	立体喷墨打印（Binder Jetting / Three-Dimension Printing，简称3DP）	粉末胶合
金属构件的直接增材制造技术	1990	NASA兰利研究中心	电子束自由成形制造技术（Electron Beam Freeform Fabrication，简称EBF）	合金粉材
	1995	MeinersW	激光选区熔化成形技术（Selective Laser Melting，简称SLM）	金属粉材
	1998	Sandia国立实验室	激光工程化净成型（Laser Engineered Net Shaping，简称LENS）	钴基粉材
	1999	Cranfield大学	电弧增材制造（Wire Arc Additive Manufacture，简称WAAM）	金属丝材
	2001	Arcam公司	电子束选区熔化（Electron Beam Selective Melting，简称EBSM）	金属丝材
	2004	Fronius公司	电弧冷金属过渡焊接技术（Cold Metal Transfer，简称CMT）	合金铝丝
	2013	麻省理工学院	记忆合金的四维打印技术（Four Dimensional Printing，简称4DP）	记忆合金

与传统的机械制造技术相比，增材制造技术具有下列优势：

（1）产品生产速度快增材制造全过程不需要车削、铣削等机加工工序，也不需要模具。从产品设计完成到实体打印成形，整个过程相比传统工艺减少了机床加工、焊接组装、模具制造等工序，缩短了产品生产时间，减少了浪费，降低了制造成本。

（2）可生产任何复杂结构产品增材制造技术是一种材料堆积成形技术，避免了加工工具的空间限制，实现了复杂结构设计自由。

（3）产品的整体性更好增材制造技术生产的产品不需要装配或焊接等工艺，是一体打印成形，这使其具有更好的整体性和牢固性。

（4）材料选择范围广增材制造技术可选用金属、陶瓷、塑料、树脂以及尼龙等材料，满足现有产品的需求，也有助于开发探索其他高性能材料，为新材料的应用拓宽了道路。

（二）3D打印技术在轨道车辆零部件制造中的成本效益

早在2013年，增材制造技术是麻省理工科技评鉴中的十项突破性科技。但是在那个时候，增材制造技术的生产效率、后处理水平都很低，而且所用的设备也比较昂贵。近年来，该技术不断完善，新一代的激光选区熔化金属3D打印装置，具有较大的搭建空间，可实现自动化上、下料、在线监控等功能。这些技术上的进步使增材制造的商业价值大大提升。

3D打印材料是影响成本的重要因素，然而，打印材料价格的显著下降将是必然趋势。以金属增材制造为例，资深专家Bermhard Langefel预测，未来5—10年，金属打印产品的价格将降低一半，并继续下降至目前的30%。2018年，各大塑料3D打印材料商纷纷宣布降价，有的材料降价幅度高达50%。

目前，增材制造技术主要应用于个性化定制产品的小批量生产，或者生产传统制造技术难以完成的复杂产品，例如功能集成性零件和拓扑优化异形零件。此外，增材制造技术还可用于制造特殊材料配方的产品，例如纳米陶瓷增强高温镍基合金零件。金属增材制造工艺能够精确控制不同材料的微观晶粒结合，进一步拓展了增材制造技术的应用范围。

制造企业决定是否采用3D打印技术时，需要综合考虑产品在整个生命周期的价值传递作用。这种考虑在航空工业中尤为明显。

增材制造技术可以实现无模具直接制造，因此在制造小批量备品备件时更加灵活。只要有3D打印的设计文件，就可以按需生产。这将消除实体备品备件的储存和运输成本，减少待维修设备的停机时间。使用增材制造技术进行损坏零件的维修，减少了大约90%的维修时间。通过在缺损零件上直接使用3D打印方式制造缺损部分，维修费用也将降低。

3D打印技术在轨道车辆零部件制造生产过程中材料使用量少、废弃原料少，且不需要工厂进行生产和大量存储，因此成本相对于传统的制造方法更加低廉。并且以提升质量和降低成本为目的，较传统工具制作方式和制作周期，3D打印技术的应用有利于降低工具成本投入。

（三）3D打印技术在轨道车辆零部件制造中的快速生产能力

尽管目前3D打印技术的应用领域主要集中在小批量生产和复杂产品的生产，但市场研究机构德勤指出，随着3D打印技术的不断进步，实现中等到大批量的生产可能性将变得更大。

由于3D打印技术的推广，对铸造、锻造、模具制造等工艺的需求减少，同时也减少了零件装配的需求。因此，增材制造的生产环境对大规模厂房、车间等物理基础设施的投资需求较低。这种方式使得未来3D打印可以挑战现有的以规模经济为主导的制造业，从多站式生产、物流组装的大规模生产模式逐渐转变为分布式网络化生产，缩短全球供应链网络，由3D打印材料供应商和服务商连接的网络直接接近最终用户。

未来，轨道列车等产品的贸易将不再需要实物跨国跨洋的运输，只需交易三维模型数据。在展览中，一些跨国参展的展品也将无需运输到国外，只需将数据传输到国外的3D打印服务公司进行本地打印和展示。这种趋势已经在3D打印行业中出现。例如，国内的三维设计公司曾在参加意大利展会时，将婚纱设计稿发送到比利时的3D打印工厂。工厂将婚纱3D打印出来后，再将其发送到意大利，这大大减少了海外参展的运输报关流程和成本，同时也体现了3D打印的快速生产能力。同样，3D打印技术在轨道车辆制造中也拥有快速生产的能力。

3D打印技术在轨道车辆零部件制造中的快速生产能力，也体现在生产周期紧迫的项目上，增材制造可以帮助快速生产出产品样件，比如模型车的生产制造，特点是产品非批量、生产周期短、个性化需求高。另外，由于生产加工速度快，在相同的时间内可进行多次试制，这样就给产品优化改造提供了时间，因此可提高产品的质量。

二、3D打印技术在轨道车辆制造中的材料选择与优化

（一）3D打印技术在轨道车辆制造中的材料选择概述

目前，3D打印技术的主流仍然是制造单一材料的3D打印技术，或者是在打印前将几种材料以特定的浓度和结构合成，然后进行3D打印。虽然单一材料3D打印技术在打印速度、材料种类等方面得到了发展，但多材料3D打印技术也是增材制造领域的一个重要发展方向。特别是金属多材料3D打印技术，该技术能够一次性制造出满足多种特殊功能需求的零件。相比之下，传统制造技术制造这类零部件的方法是分别制造不同材料的零件，然后将它们组装在一起。随着3D打印技术在轨道车辆制造中应用的发展，材料选择和材料优化方法也在逐渐完善。

3D打印技术在轨道车辆制造中材料的选择尤为重要，不仅关系到轨道车辆的承载能力，还影响着轨道车辆的生产速度。所以材料选择主要有以下几个方面的考虑：

1. 打印速度与强度：打印材料需要具备较快的打印速度和良好的机械性能。例如，尼龙材料具有较好的强度和韧性，且打印速度快，适合用于车厢框架等需要承受一定载荷的结构件。

2. 耐腐蚀性：轨道车辆通常需要在盐碱地、湿地等环境较为恶劣的地方运行，因此需要选择耐腐蚀性较好的材料，如聚碳酸酯、聚砜、聚丙烯等塑料类材料或金属类材料。

3. 防火性能：在选择材料时，应考虑其防火性能，确保车辆在火灾等紧急情况下的安全。一些常用的3D打印材料如尼龙、聚碳酸酯等都具有较

好的防火性能。

4. 成本与环保：在选择材料时，应考虑成本和环保因素。一些可回收利用的材料如金属粉末、塑料粉末等相较于传统钢材成本较低，且减少了废弃物对环境的影响。

目前，激光增材制造技术发展在轨道车辆制造中逐渐成熟，在轨道车辆制造中被广泛应用。就材料而言，激光增材制造在有机材料、无机材料、金属材料等中均有涉及，可以为轨道交通装备零部件的制造提供支持。轨道交通装备中的不同材料激光增材制造应用场景，在国外已经有许多轨道交通相关企业对增材制造技术进行了研发与实际应用。

目前国内在轨道车辆制造中主要采用碳钢、合金钢和不锈钢等。增材制造材料在轨道车辆制造中以金属粉末为主，一般粒度为15—40um，适用于要求抗腐蚀的金属零件及模具的增材制造。因此，可以将金属粉末烧结成型为三维零件。由于各种金属材料的化学成分和物理性质各不相同，因此其成型机理也具有独特的特点。这导致对金属粉末的性能要求更加严格。

在轨道车辆制造中，最常用的合金粉末是钛合金Ti6AI4V，也被称为Ti64。这种合金因其强度可与钢材相媲美，但密度却只有钢的一半左右，因此在许多行业中得到广泛应用。这种合金主要分为两类：GradeS级和超低间隙Grade23级。后者对氧和氮含量的控制有着更严格的要求。此外，还有其他类型的钛金属，包括工业纯钛Ti–CP、医用钛合金TI7A17Nb以及高温或高强度钛合金，如Ti–62420。

在轨道车辆制造中，另一种常见的合金是钢粉，其中以工具钢和不锈钢最为常用。工具钢的广泛应用源于其卓越的硬度、耐磨性和抗变形能力。马氏体钢因其高硬度和耐磨性高等特点，在模具制造领域得到广泛应用，包括注塑模具、轻金属合金铸造、冲压和挤压模具。此外，该材料还广泛应用于对材料性能要求很高的工业部门，如航空航天领域、制作高强度机身部件和赛车零部件等。

（二）3D打印技术在轨道车辆制造中的材料优化方法

3D打印技术在轨道车辆制造中的材料优化方法可以从以下几个方面来

考虑：

1. 多材料打印：针对不同部位的需求，采用不同的材料进行打印，如车厢框架采用高强度塑料、车厢内饰采用轻质且美观的金属或塑料合金。

2. 优化设计：通过优化设计，减少结构件的冗余部分，提高材料的利用率，从而降低成本。

3. 自动化生产：通过3D打印技术实现自动化生产，减少人工干预，提高生产效率。

4. 研发新型材料：研发新型的3D打印材料，以满足轨道车辆制造中的特殊需求，如高强度、耐腐蚀、防火等。

3D打印技术在轨道车辆制造中的材料选择与优化应综合考虑打印速度、强度、耐腐蚀性、防火性能、成本和环保等因素。同时，通过多材料打印、优化设计、自动化生产等方式，可以提高材料的利用率、降低成本并提高生产效率。

（三）3D打印技术在轨道车辆制造中的材料性能测试与验证

3D打印技术在轨道车辆制造中的材料性能测试与验证主要包括以下几个步骤：

1. 材料选择：首先需要选择适合3D打印且能满足轨道车辆制造需求的材料，如金属粉末、塑料、陶瓷等。

2. 打印前测试：在打印之前，需要对材料进行性能测试，包括强度、韧性、耐高温性等，以确保打印出的部件能满足设计要求。

3. 打印过程监控：在打印过程中，通过实时监控设备的工作状态，可以发现并纠正可能出现的打印问题，如材料堆积过厚、打印件变形等。

4. 打印后检查：打印完成后，需要对打印件进行全面的检查，包括尺寸精度、表面质量和结构完整性等，以确保其符合设计要求。

5. 模拟验证：对于一些复杂或关键部件，可以通过3D打印快速制作模型，然后进行实际使用环境下的性能验证，这有助于提前发现并解决潜在问题。

6. 长期性能研究：由于3D打印技术可能会导致材料的微结构变化，因此需要长期跟踪打印件的性能，以确保其在使用期限内能满足要求。

总的来说，通过以上步骤，可以对3D打印技术在轨道车辆制造中的材料性能进行全面测试与验证，确保打印出的部件能够满足实际生产需求。

三、3D打印技术在轨道车辆制造中的工艺流程与控制

（一）3D打印技术在轨道车辆制造中的工艺流程概述

3D打印技术在轨道车辆制造中的工艺流程是，首先绘制轨道车辆零部件的三维CAD模型，然后通过三维模型经过格式转换后，对轨道车辆零件进行分层切片，从而得到零件的各层截面的二维轮廓形状。再按照所得到的轮廓形状，用喷射源选择性地喷射一层层的黏结剂或热熔性材料，或烧结一层层的金属粉末材料，形成每一层截面二维的平面轮廓形状，最后再一层层叠加成三维立体的轨道车辆零件，如图8.2。

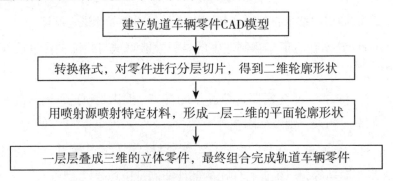

图8.2　3D打印技术在轨道车辆制造中的工艺流程

（二）3D打印技术在轨道车辆制造中的工艺参数控制

在轨道车辆制造中，3D打印技术主要用于制造一些传统工艺难以制造的复杂结构或创新设计。工艺参数控制对于打印质量和效率至关重要。以下是一些关键的工艺参数控制：

1. 打印层高：层高会影响打印的精度和强度，需要仔细选择。太厚可能导致强度不足，太薄可能会影响精度和外观。

2. 打印速度：合理的打印速度对于打印质量和效率至关重要。过快可

能导致热量过高，过慢则可能影响打印速度和效率。

3. 支撑结构：对于一些复杂的设计，可能需要使用支撑结构来保持形状。选择合适的支撑结构方式（例如自动去除支撑、后期处理等）可以简化后处理过程。

4. 打印材料：选择合适的打印材料对于打印质量和耐用性至关重要。需要选择与设计相匹配的材料，以确保产品的强度、耐久性。

5. 打印顺序：复杂的打印任务可能需要分阶段进行，以确保各部分的协调和完整性。打印顺序应该根据设计结构和材料特性进行优化。

6. 温度和湿度：环境中的温度和湿度可能会影响打印效果。在3D打印时，应确保环境条件稳定，以获得最佳打印效果。

7. 打印厚度和强度平衡：在某些情况下，可能需要优化打印厚度以获得最佳强度和外观。这可能需要通过试验和错误来找到最佳平衡点。

8. 后期处理：打印完成后，可能需要一些后期处理，如打磨、抛光、涂层等，以确保最终产品的质量和外观。

通过在打印过程中仔细控制这些工艺参数，可以获得高质量、高效率的3D打印成品，从而在轨道车辆制造中发挥更大的作用。

四、3D打印技术在轨道车辆制造中的质量控制与检测

（一）3D打印技术在轨道车辆制造中的质量控制概述

在大多数工业制造企业中，现有的零件质量检测方式是，在生产完成产品后通过坐标测量机（三坐标测量机）来检查机械特征，再通过X射线来检查产品内部缺陷通过CT扫描来寻找深层的缺陷。但是，每种技术都会有其自身的局限性，比如检测人员可能由于某些原因没有正确地读出三坐标测量机的结果，X射线可能只捕捉到靠近表面的孔隙和裂缝缺陷，昂贵的CT扫描技术还没有被广泛使用，并且解读扫描结果的技术人员需要经过大量的培训。

反观3D打印技术，特别是基于粉末床熔融工艺的金属3D打印技术，其

原理是由构建软件将零件模型切成上千层，每一层（切片）与3D打印过程具有相关性，最终零件被逐层加工成为一个零件。在这上千层的打印过程中，存在若干影响金属零件质量的变量。如单纯依靠目前的几种过程后质量控制技术，难免会导致零件失败率高的情况发生。那么，针对金属3D打印零件的质量控制，能否变被动为主动，在上千层的打印过程中就随时进行检测，尽量避免打印缺陷的发生呢？

答案是肯定的，粉末床熔融金属3D打印设备制造商以及一些仿真软件公司、第三方增材制造质量控制系统研发企业，在3D打印的过程前质量控制和过程中控制这两个方面进行了大量的探索，目前相关的软件产品已应用在金属增材制造中。

对于塑料零件，其质量要求与传统塑料零件的要求并没有明显区别，比如说交通工具对塑料零件的阻燃性、耐磨性、耐温性等方面有要求，关于这些要求的测试方法已经很成熟。而对于金属零件则更加复杂，不仅需要针对金属3D打印建立新的检测方式，还需要建立新的质量认证方式和标准。

无疑，对于3D打印设备厂商来说，谁能够抢先开发出更高质量控制水平的技术，使得产品可靠性更高，那么这样的设备在市场上将是所向披靡的。而决定质量控制水平的核心不仅仅涉及感应器和照相机的监测水平，更涉及了大数据处理能力、模拟仿真、前置反馈、数字化双胞胎（Digital Twin）和人工智能等技术的运用。

通过仿真模拟建立工艺图，找到最优离线工艺参数固然可以在一定程度上减少不合理的参数设置所导致的过程缺陷。但在实际打印过程中，工艺参数可能需要随着成形件的局部结构变化而改变，成形过程也会存在各种随机扰动，因此工艺参数可能需要随着成形过程的进行而变化。目前多数增材制造设备采用开环控制，即激光功率、扫描速度、扫描间隔等关键控制参数是提前规划的，这与离线工艺参数优化类似，无法预防制造过程可能出现的不可控因素，从而不能有效保障制造过程质量稳定和一致性。

（二）3D打印技术在轨道车辆制造中的质量检测方法

在轨道车辆制作中，对于粉末床金属熔融技术来说，3D打印制品在制备和使用过程中，某些缺陷的产生和扩展目前几乎无法避免。产生缺陷的原因主要有两个方面，一个是由材料特性导致的缺陷，这种缺陷主要是气孔，这个缺陷无法通过优化3D打印特征参数予以解决；另外一种则是由工艺参数或设备等原因导致的缺陷，如孔洞翘曲变形、球化、存在未熔颗粒等。

避免缺陷的最好方式是能够在3D打印过程中就及时找出并纠正缺陷，但是对于打印零件的过程后质量检测仍是目前必不可少的环节。过程后质量检测的方法有破坏性检测和无损检测技术（Non Destructive Testing，NDT）两类。传统制造领域中常用的破坏性零件检测技术，并不适合检测 3D 打印的小批量零件或个性化定制零件，一些无损检测技术适用于3D打印金属零件的表面和内部缺陷的检测。

3D打印技术在轨道车辆制造中的质量检测方法采用的是无损检测技术。无损检测技术是基于光学、电学、热学、声学等多种物理场的响应，在不破坏被测物体的情况下，实现对工件内部缺陷的光学、电学、热学、声学的响应，实现对工件内部缺陷的形态、位置和尺寸的在线判定与评估，为加工质量的控制、故障的预防与维修提供理论依据。针对增材制造构件的微观结构特征及内在缺陷特征，开展基于无损测试的复杂几何构件内部缺陷评价方法研究。针对成形零件中存在的微小孔洞等缺陷，其缺陷大小多在50—200um之间，常规的无损检测方法很难实现对其高可靠性和高可信度的识别，因此，研究基于特定结构特点、成形工艺方法和内部缺陷特性的高可靠性无损检测方法和方法，保障增材构件的高可靠性检测。无损检测技术的过程如图8.3所示。

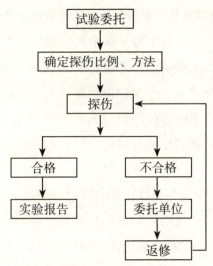

图8.3 无损检测技术的过程

　　未来，随着3D打印技术的不断完善、检测数据的不断积累及全流程数据库的建立，增材制造全流程关键变量的提取及控制将更加精准，其产品质量的一致性与可靠性将有质的飞跃，届时，公众对该技术的产品质量将越来越有信心，最终促使该技术的应用深度和广度不断拓展。

（三）3D打印技术在轨道车辆制造中的质量保证措施

　　传统的轨道车辆配件设计与制造模式过于依靠人力，而工作人员偶尔的疏忽和错误无法避免，这些错误会影响轨道车辆配件产品的质量，质量管理是轨道车辆配件设计与制造中的重要工作，但是传统模式下质量管理工作没有充分落实，在质量检测等方面存在着诸多的问题。

　　3D打印技术在轨道车辆零部件制造中的应用，可以提高制造效率和制造质量，同时能够减少制造过程中的出错率。同时加上人工智能的深度学习（一种基于神经网络的机器学习技术），可以处理大量的数据，通过学习数据进行预测和分类，在轨道车辆零部件制造中深度学习可以用于识别不同的车辆部件、进行零部件检测和诊断、优化零部件设计等方面；深度学习还可以结合传感器数据和图像数据进行智能控制，提高轨道车辆零部件的质量和效率，从而使生产的零部件质量得以保证。

第三节　3D打印技术在轨道车辆制造中的经济效益与可持续发展

3D打印制造技术是一种先利用计算机软件完成三维设计和分析，再结合数控系统，然后逐层堆积功能材料的新兴制造技术。与传统制造工艺相比，省略了零件拼装、切割和焊接等烦琐工序，将其应用于轨道车辆制造领域具有一定的经济效益和技术优势：

1. 材料利用率高

传统机床在工件加工过程中会产生大量的边角废料，这些废料往往难以进行二次利用，增加了生产成本。相比之下，3D打印技术是一种增材制作方法，它逐层添加材料来构建轨道车辆零部件，可以最大程度地利用材料，材料的利用率最高可达95%，从而降低了生产成本，并且使得材料得到更好的利用和节约。因此，3D打印技术正在被越来越多的行业所采用，成为一种可持续、高效的生产方式。

2. 经济效益比较高

3D打印技术的优点之一是能够快速制作出复杂形状的轨道车辆零部件，而不需要进行机械加工或使用模具。将三维模型导入计算机中进行打印，可以大大减少加工工序，缩短轨道车辆零部件的生产周期。这对于需求量小而结构复杂的零部件来说非常有利，因为它可以快速生产出符合设计要求的零部件，并且具有高精度和高质量。相比传统的机械加工方法，3D打印技术可以节省大量的时间和成本，并且为设计师提供了更多的设计和创新机会，并提高经济效益。

3. 可实现产品的个性化制作

轨道车辆零部件的制造模式正在经历着变革。随着技术的发展和市场的变化，传统的生产线大规模生产模式已经不能满足人们对产品多样化和个性化的需求。而3D打印技术的出现，使得个性化定制轨道车辆零部件成为可能。3D打印技术通过将轨道车辆零部件三维模型导入计算机中进行打印，可以轻松实现各种复杂形状的制造，因此更适合于生产批量小而结构复杂的零部件。相比传统的机械加工方法，3D打印技术可以更快地生产出符合设计要求的零部件，并且具有高精度和高质量。此外，3D打印技术还可以大幅度降低生产成本，提高生产效率，缩短产品上市时间。因此，基于3D打印技术的个性化定制已经成为当前制造业的一种趋势。

4. 可实现产品的远程制造

3D打印技术的另一个优点是可以通过互联网将轨道车辆零部件的数字模型发送到任何地方，使得产品的生产不再依赖于专业工厂。任何拥有3D打印机和原材料的地方，都可以自行打印所需的产品和零部件。

这种分散化的生产模式可以带来很多好处。首先，它可以使生产更加灵活，能够快速响应轨道车辆市场需求，并且可以根据用户的需求进行个性化定制。其次，它可以减少运输和物流成本，提高效率。此外，这种生产模式还可以促进创新和创业，使更多的人和企业能够参与产品的设计和生产过程。

当然，这种分散化的生产模式也需要一些条件。首先，需要具备3D打印机和相关的原材料，这可能需要一定的投资和技能。其次，需要具备相应的设计和制造能力，以便能够创建和优化产品的数字模型。此外，还需要建立相关的网络和平台，以便能够进行产品的设计和销售。

但是，随着技术的不断发展和普及，相信这些条件会逐渐得到满足，3D打印技术将会在轨道车辆零部件的生产中发挥越来越重要的作用。

5. 缩短新产品的研发周期

传统的加工方法制造出来的轨道车辆零部件需要经过市场检验，对不合理结构及时进行修正，这使得产品从设计到成熟需要较长时间，增加了产品的研发使用周期。相比之下，使用3D打印技术可以快速制造新产品并投入市场验证，及时对产品进行调整和改进，从而缩短新产品的开发周期。

3D打印技术的快速制造能力使得设计师可以更快地测试和验证产品的

结构和性能，及时发现问题并进行改进。通过使用3D打印技术，设计师可以在制造过程中更快地获得反馈，可以更快地调整设计并再次进行打印。这种快速迭代的过程可以加速产品的开发和改进过程，缩短产品的上市时间。

此外，3D打印技术还可以为设计师提供更多的设计和创新机会。由于3D打印技术可以制造出复杂形状的零部件，设计师可以更加自由地进行设计和创新，而不需要受到传统加工方法的限制。这种自由的设计和创新机会可以带来更多的竞争优势和市场份额。

因此，使用3D打印技术可以加速轨道车辆零部件的开发和改进过程，缩短产品的上市时间，提高企业的市场竞争力。

第九章　轨道车辆智能制造的未来展望

第一节　轨道车辆智能制造的发展趋势与前景

一、人工智能在轨道车辆制造中的应用

目前，轨道交通行业中应用最为广泛的智能制造技术就是人工智能技术。利用人工智能技术，可以对轨道交通行业中的各种设备进行处理和分析，实现对运营数据的实时监测。这种技术不仅能够提前分析出设备运行中的问题，还能够在设备出现问题时迅速对其进行故障排除和修理。人工智能在轨道车辆制造中有着广泛的应用，以下是一些主要的应用领域和方式：

1. 自动化生产：人工智能可以通过自动化生产线和机器人技术，实现生产过程的智能化和自动化，从而提高生产效率和质量。

2. 故障预测和维护：通过使用人工智能技术，可以对轨道车辆进行实时监测和故障预测，以便及时发现和处理问题，避免故障的发生或减少故障的影响。

3. 智能设计：人工智能可以通过大数据分析技术和机器学习技术，对轨道车辆的设计进行优化和改进，提高设计的质量和效率。

4. 质量控制：人工智能可以通过图像识别和机器学习技术，对生产过程中的产品进行质量检测和评估，提高产品质量和合格率。

5. 生产计划和调度：人工智能可以通过智能算法和大数据分析技术，对生产计划和调度进行优化和管理，提高生产效率和资源利用率。

6. 供应链管理：人工智能可以通过物联网技术和大数据分析技术，对供应链进行智能化管理，提高供应链的透明度和效率。

7. 人员培训和绩效评估：人工智能可以通过智能算法和数据分析技术，对人员进行培训和绩效评估，提高人员技能和效率，降低人工成本。

总的来说，在轨道车辆制造中应用人工智能可以提高生产效率、降低成本、提高产品质量、优化生产流程。同时，也需要考虑到数据安全、隐私保护、法律法规等方面的问题。

二、轨道车辆智能制造的数字化转型

随着智能制造的发展，我国城市轨道运输及高速列车动车组的生产规模也在不断增长，这既提升了我国铁路运力，又加快了轨道交通的现代化、智能化发展。从智能化的角度来看，城市铁路的发展正由传统走向精细化、精益化，并逐步向数字化、智能化转型。然而，我国在轨道交通车辆智能化生产与运营管理体系中还存在许多缺陷，亟需进一步优化、改进与提升。

为了实现我国轨道交通装备行业朝向智能化方向发展，更好地将我国轨道交通装备推向国际市场，必须确立产品以及数据的标准化建设。实现同一个行业，同一条标准，同一套数据，这是我国轨道交通装备行业的总体发展目标。相关的轨道车辆制造企业应规范其产品模型、产品分类和产品状态等制造信息，并统一数据格式。同时，为了实现高效的信息传递和无障碍的数据交换，各企业之间应制定统一的交换方式。这将有助于提高轨道车辆制造装备信息的利用价值，缩短产品研发周期，降低研发成本，并有效降低轨道交通装备的制造成本。实现国内产品标准及数据的统一，将为我国轨道交通设备在国际市场上提供良好的技术基础，增强竞争力。

三、智能制造技术在轨道车辆维修和保养中的应用

智能制造技术在轨道车辆维修和保养中有着广泛的应用，它可以提高维修和保养的效率，降低成本，并提高安全性。

智能制造技术可以用于收集和分析轨道车辆的运行数据，如温度、压

力、振动等，以预测和诊断潜在的故障。这有助于提前发现并解决故障，防止其扩大或导致意外事故发生。使用机器人和自动化设备进行定期检查、保养和维修，可以大大提高效率，减少人工干预，并降低错误率。同时，这些设备通常配备有传感器和AI技术，可以根据历史数据和实时信息进行自我调整和优化。可以通过物联网技术，对轨道车辆进行远程监控，实时收集数据并进行分析。如果出现异常情况，系统可以及时发出警告，并采取相应的措施。智能制造技术还可以根据历史数据和车辆的特定需求，自动生成维护计划。这可以帮助企业减少不必要的维护工作，降低成本，确保车辆始终处于最佳状态。智能制造技术可以用于监测轨道车辆的安全状况，如果出现异常情况，系统可以及时发出警告，并采取相应的措施。智能制造技术可以通过模拟和反馈来培训维修人员，帮助他们熟悉操作流程和提高技能。同时，它还可以提供实时的操作指导，帮助维修人员解决实际问题。

智能制造技术在轨道车辆维修和保养中的应用，可以提高维修和保养的效率，降低成本，并提高生产安全性。

第二节　轨道车辆智能制造的社会影响与应用前景

一、提高轨道交通系统的安全性和可靠性

就轨道交通而言，安全是指在系统运行期间，保证"乘客、人员无伤亡，设备无损坏"的能力；可靠性是指系统运行期间，保证"旅客按时抵达目的地"的能力。所谓"保证旅客安全准时出行"，就是指"系统安全"和"可靠性"两个概念。轨道交通系统的列车应保证在规定时间内到达各个车站，并保持良好的运营状态。列车的可靠性取决于列车的设计、制造工艺和维护水平。在保证列车安全的前提下，应提高列车的自动化程度和故障诊断能力，提高列车的可靠性。智能制造所生产的轨道车辆零部件的安全性和可靠性都有很大程度的提高，从而提升了轨道交通系统对轨

道车辆的指挥和监控，以此提高轨道交通系统的安全性和可靠性。

二、降低轨道车辆制造和运营成本

想要降低轨道车辆制造和运营成本，可以通过提高轨道车辆的自动化水平，减少人工干预和人工操作，从而实现大幅度降低运营成本。应用智能化的控制技术，使轨道车辆自动化运行，尽量减少人力成本和人工损耗。还可以采用轻量化材料，如碳纤维等替代部分原材料，可以有效减少轨道车辆的重量，降低制造成本和运营成本。通过加强轨道车辆的日常保养和维护，延长车辆的使用年限。这样，能够降低轨道车辆的零部件更换次数和修理次数，降低成本。智能制造也可以通过运用工业机器人、自动化生产线等先进装备，实现高效、精确地制造和装配，大幅减少人力投入，降低了人工成本。同时，机器人在搬运、堆叠等复杂操作中展现出稳定性和效率优势，提高了生产效率，降低了轨道车辆制造和运营成本。

三、提升交通系统的运行效率和能源利用率

轨道车辆智能制造能够帮助车企提高轨道车辆的设备利用率、降低能耗和减少排放，从而提升交通系统的运行效率和能源利用率。同时为了提高轨道交通系统的准点率和频次，在调度管理方面需要进行一系列改进。在列车间隔时间上进行精确控制，采用先进的信号技术与自动驾驶技术相结合，在保证安全前提下缩短列车间隔时间，从而提升交通系统的运行效率。轨道车辆智能制造所用到的金属材料可以进行回收利用，可以提升交通系统的能源利用率。

四、促进城市可持续发展和智慧交通建设

轨道车辆智能制造在促进城市可持续发展和智慧交通建设中发挥着重要

作用。通过利用大数据分析技术和人工智能技术，实现城市交通的智能化管理，可以提高交通流量和效率，减少拥堵。这将有助于提高城市居民的生活质量，并促进城市可持续发展。政府、企业、研究机构和社会组织之间通过加强合作，共同推动轨道车辆智能制造的发展。通过政策支持、技术创新、人才培养和社会参与，可以促进可持续城市发展和智慧交通建设。

五、创造就业机会和推动经济增长

轨道车辆智能制造需要大量的制造工人、技师和工程师来生产、装配和维护车辆。而且智能制造不仅限于制造过程，它还包括供应链管理、原材料采购、物流配送等环节。随着智能制造的发展，对技术人才的需求将增加。政府在推动智能制造的过程中，需要监管政策的制定和执行，也需要相关的人才支持，这些都将在制造业中创造大量的就业机会。

智能制造通过引入先进的自动化和人工智能技术，可以提高轨道车辆的生产效率，降低生产成本，从而提高企业的盈利能力。同时智能制造的发展将带动相关产业的发展，创造新的需求，从而促进经济增长。

第三节　轨道车辆智能制造的挑战与解决方案

一、技术研发和创新的挑战

1. 基础技术研发能力不强

我国在轨道车辆智能制造的基础技术研发能力存在不足。具体表现为对关键材料和工艺的依赖性强，基础工艺技术和能力有所欠缺，平台自动识别和主动控制的灵敏度和准确度不够。在轨道交通车辆的装配过程中，由于其独特的特性和设计，需要采用特定的装配流程，对车辆组件信息进行准确且快速的自动识别。然而，目前的数据采集方式在实时监测的种类上尚不全面。

2. 共性技术研发能力欠缺

我国在轨道车辆智能制造的共性技术研发能力存在些许不足。其中，仿真平台的功能未得到充分发挥，缺少统一的产品协同研发和仿真验证。该系统包括车辆机械系统模拟、噪声分析和诊断、车身耐受性分析，以及牵引、制动、信号和动力一体化模拟。除此之外，还应培养网络测试平台的能力，建立通信和无线通信网络，深入研究无损检测技术并制订相关技术标准，确保在研发和测试环节达到相应的技术要求。

3. 关键技术开发能力不足

我国轨道车辆智能制造的关键技术开发能力存在明显不足。在列车生命周期方面，自主安全防护方面的研究还不够深入。针对复杂环境下的轨道交通系统，故障分析与预判、安全控制与保障系统的技术研究仍需加强。同时，城市轨道交通安全保障与运营管理一体化技术亟须建立。另外，在产品智能感知方面的研究还不够深入，轨道交通用能方式的绿色化和列控一体化还没有形成。

4. 实际产品平台建设不够到位

我国轨道车辆智能制造的实际产品平台建设尚不完全。当前，在轨道车辆智能化制造系统中，国内还没有全面实现平台化设计。目前我国轨道交通产业面临着市场竞争无序、重复建设、产业支撑能力不足、产品品种匮乏、生产运营管理智能化平台建设不足、研发能力不足等问题。

二、数据安全和隐私保护的问题

轨道车辆智能制造的数据安全和隐私保护是非常重要的，为防患于未然，应制订数据保护策略。明确数据保护的重要性，并制订相应的策略来保护数据安全和隐私。这包括对数据的访问权限进行严格控制，确保只有授权人员才能访问和操作数据。对轨道车辆制造过程中的敏感数据进行加密，防止数据泄露和未经授权的访问。可以使用硬件加密、网络加密等技术来提高数据安全性。在传输过程中，应使用安全的网络架构来传输和处理数据，确保数据在传输过程中不会被截获或窃取。可以使用防火墙、入侵检测系统等安全设备来加强网络安全。还应实施数据备份和恢复计划，定期备份关键数据，防止数据丢失或损坏。同时，应制订数据恢复计划，以便在发生意外情况时能够迅速恢复数据。最后应定期对数据安全和隐私保护措施进行审查和更新。

三、人机协作和智能制造人才培养的挑战

随着轨道车辆由工业时代向数字时代转型，由机械化向"新四化"演进，软件+算力将逐渐成为轨道车辆的核心竞争力，软件升级赋予机车自主学习、自我进化的能力，软件定义机车的时代正在来临。在这种背景下，研发向数字化转型已成为必然趋势，搭建数字化孪生、模拟仿真、高性能计算等数字化平台也刻不容缓。在新轨道车辆的时代下，轨道车辆的关键领域涉及到多个方面，如基础设施与技术法规支撑、多源信息融合交互、人机交互与共驾技术等，因此对人才知识结构的要求是跨学科、复合型的，传统机车人才的知识与技能结构已经落后了。

从质量角度，相较于之前机车的研发人员来自机械和工程类专业，当前轨道车辆行业所需的研发人才已经明显向系统开发及软件设计类专业转移，专业背景跨学科、工作经验跨产业链、兼备软硬件技术的复合型人才更是炙手可热。但在对现有智能网联领域研发人员进行统计发现，65%以上人员专业背景为非机械类，具有多学科背景的人才占比偏少，"懂机车+懂IT"的复合型人才更是凤毛麟角。可见，在当前机车产业转型的背景下，车企面临着增量人才不足、跨界难招的困境。因此盘活企业内部人力资源，帮助人才转型转岗是重要的发展策略。

转型时代下，轨道车辆行业对人才的需求呈现多元化趋势，机车人才发展也面临新要求、新挑战，企业必须积极应对，做好公司人才的加速转型和培养，扩大企业"人才池"才能最终实现战略转型。

四、制造过程中的质量控制和监测难题

轨道车辆制造过程中的质量控制和监测确实存在一些难题，轨道车辆通常需要在特定的轨道上运行，无论是车体形状、轨道连接处，还是车轮的定位，都需要极高的精度，否则，不仅会影响车辆的运行效果，还可能对轨道造成损害。而且轨道车辆零部件的生产环境要求也比较严格，轨道车辆制造通常需要在特定的环境下进行，如焊接需要在特定的防尘环境中进行，以防止灰尘和烟雾对产品的污染。

对于轨道车辆制造的监测技术难题，一些复杂的制造部分，如车体的焊接，如何有效地监测焊接质量，确保无裂纹、未熔合、夹渣等问题，也是一大难题。轨道车辆制造对员工的技能和素质要求较高，如果员工不熟悉生产流程或者不按照规定操作，就可能影响产品质量。高质量的设备是保证生产质量的重要工具，而设备的维护和管理也是一大难题，需要定期进行设备检查和维修，以保证设备的良好运行。

为了解决这些问题，企业需要建立完善的质量控制体系，采用先进的生产设备和监测技术，提高员工素质，加强设备管理，从而保证产品质量。

五、智能制造标准和规范的制定和推广

我国针对轨道车辆智能制造提出了一个宏大的目标，即利用10年的时间，制定并形成较为完善的智能制造的标准和规范，以满足国民对智能制造产品的需求。这一目标的核心是实现智能制造的设备自动化，大幅度提高企业生产效率以及生产的产品质量，同时减少产品开发周期以及资源消耗的程度。为了实现这一目标，我们需要采取一系列的措施。首先，我们需要加强对智能制造技术的研发和应用，提高设备的自动化程度，实现生产线的智能化和柔性化。其次，我们需要加强对企业生产的监管和管理，提高生产效率和质量，确保产品的质量和安全。此外，我们还需要加强对产品开发的流程管理和优化，缩短产品开发周期，加快产品的上市速度。

最后，我们需要加强对资源消耗的管理和优化，采用更加环保和可持续的生产方式，降低对环境的影响。

在实现这一目标的过程中，我们还需要注意一些问题。首先，我们需要加强对标准和规范的制定和执行，确保标准和规范的科学性和可操作性。其次，我们需要加强对人才的培养和引进，提高人才的专业素质和技术水平，为智能制造的发展提供强有力的人才保障。最后，我们还需要加强对信息安全和隐私保护的重视和管理，确保信息的安全和隐私的保护。

总之，实现智能制造是我国制造业发展的重要方向和目标。通过制定并形成较为完善的智能制造的标准和规范，我们可以更好地满足国民对智能制造产品的需求，提高企业的生产效率和产品质量，缩短产品开发周期，降低资源消耗程度，推动制造业的智能化和现代化发展。根据目前我国的轨道车辆制造行业的发展情况，该行业正朝着智能化方向发展，并将在标准化、精益化以及产品智能服务化、供应链可视化等方面进行更深入的探索和发展。

为了推动我国轨道车辆制造行业向智能化转型，并进一步提升该行业的国际竞争力，首先要确保产品和数据的标准化建设，我们的长远目标是实现全行业的一致性，包括统一的标准、数据和规范。为实现这一目标，轨道车辆制造行业应以精益管理为驱动力，始终围绕市场和客户需求进行产品研发、生产和销售。同时，必须严格把关轨道交通装备的安全性和环保性，并采用信息化管理手段，将信息化管理与企业日常管理深度融合。若想让我国轨道交通装备行业进军国际市场，必须构建符合国际标准的信息化管理平台。这将为轨道车辆制造行业拓展国外市场奠定坚实基础，包括海外信息管理系统、海外财务系统、海外人力资源及客户资源管理系统。同时，需要协调发展海外供应链平台及重点项目，实现平台、资源、技术标准的一致性，并进行统一的运营和维护。

根据我国轨道车辆智能制造业的发展趋势，我国轨道车辆制造行业应朝向精益化、数字化、供应链精益化、服务国际化等方向发展，为实现我国轨道车辆智能制造行业的快速发展奠定良好基础。

参考文献

［1］李义岭，彦喆，姚克民．城市轨道交通智能化及可持续发展现状分析与展望［J］．现代城市轨道交通，2021(11)：90-94．

［2］郑晓薇．浅谈我国城市轨道交通发展及其规划［J］．地铁与轻轨，1994，(04)：12-15．

［3］郑永平．城市轨道交通建设与城市可持续发展的思考［C］//中国土木工程学会，广东省建设厅，广州市建设委员会，广东省土木建筑学会．中国城市轨道交通规划、建设及设备国产化论坛论文集．成都市地铁领导小组办公室；，2003：6．

［4］陈旭梅，童华磊，高世廉．城市轨道交通与可持续发展［J］．中国科技论坛，2001，(01)：12-14．

［5］中车首台高铁轨道车辆智能检修系统研制成功［J］．军民两用技术与产品，2017，(23)：32．

［6］史红卫，史慧，孙洁等．服务于智能制造的智能检测技术探索与应用［J］．计算机测量与控制，2017，25(01)：1-4+8．

［7］张建耸，王福忠，张南等．重卡智能制造发展的探索与实践［J］．重型汽车，2018，(02)：38-40．

［8］郑丽杰．都市圈轨道交通互联互通实施条件及开行方案研究［D］．北京：北京交通大学，2020．

［9］汪鸣，程世东．城市轨道交通智慧化发展方向及实现途径［J］．现代城市轨道交通，2020，(08)：8-11．

［10］赵时旻，武志磊，杨建国等．智能故障诊断在城轨车站设备维护中的应用［J］．现代城市轨道交通，2008，(03)：21-22+89．

［11］喻彦喆．基于BIM的绿色公共建筑室内环境后评估研究［D］．

天津：天津大学，2016.

　　［12］张文韬，卢剑鸿，姜彦璘. 智慧城轨发展现状分析及建议［J］. 现代城市轨道交通，2021，(01)：108-111.

　　［13］徐田坤，李松峰，李卫军等. 北京地铁异物侵限探测系统研发与实践［J］. 都市快轨交通，2019，32(05)：56-61.

　　［14］蒲晓斌，侯文军. 多专业融合的地铁智慧运维平台研究［J］. 现代城市轨道交通，2021，(07)：22-25.

　　［15］王宇阳. 物联网技术下城市轨道交通车辆的调度和管理分析［J］. 内燃机与配件，2017(24)：114-115.

　　［16］王震华，田立军. 铁路一体化物联大数据运维平台的研究［J］. 铁路计算机应用，2019，28(02)：26-29.

　　［17］熊坚. 网络实时分析系统数据采集与传输分析模块的设计与实现［D］. 北京：北京邮电大学，2015.

　　［18］杨灿军，陈鹰. 人机一体化协同决策研究［J］. 系统工程理论与实践，2000(05)：24-29.

　　［19］丁根芽，胡保生. 集成智能系统［J］. 自动化博览，1994(05)：29.

　　［20］薛立成. 基于无线传感网络的动车组设备温度监测技术研究［D］. 大连：大连交通大学，2019.

　　［21］张天浩. 动车组操作过电压对速度传感器的电磁干扰研究［D］. 成都：西南交通大学，2022.

　　［22］魏永久，刘盛春. 应用光纤传感器在线监测动车组齿轮箱和万向轴的探讨［J］. 铁道机车车辆，2013，33(01)：92-96.

　　［23］马瑞林. 汽车电子技术中的智能传感器技术［J］. 内燃机与配件，2019，(13)：230-231.

　　［24］李磊. 多传感器融合的智能车自主导航系统设计［D］. 成都：西南交通大学，2019.

　　［25］邓家成. 智能手机传感器的应用及发展［J］. 三联技术，

2019(114)：35-39.

［26］何云丰. 基于智能传感器的汽车电子技术应用分析［J］. 内燃机与配件，2020(1)：209-210.

［27］吕睿. 计算机数据处理的运算速度影响因素探讨［J］. 电子设计工程，2015，23(12)：49-51.

［28］唐启义. 实用统计分析及其DPS数据处理系统［M］. 北京：科学出版社，2002.

［29］宋勇建. 大数据背景下计算机信息处理技术的探讨［J］. 信息记录材料，2021，22(6)：123-125.

［30］李晓江，任珂成. 大数据时代信息技术处理技术研究［J］. 无线互联科技，2022，19(2)：69-70.

［31］章斌. 轨道车辆铝合金车体数字化车间关键技术研究［J］. 铁路计算机应用，2020，29(09)：51-56.

［32］智能检测技术助力智能制造产业腾飞［J］. 自动化博览，2018，35(10)：86-89.

［33］史红卫，史慧，孙洁等. 服务于智能制造的智能检测技术探索与应用［J］. 计算机测量与控制，2017，25(01)：1-4+8.

［34］张洁，高亮，秦威等. 大数据驱动的智能车间运行分析与决策方法体系［J］. 计算机集成制造系统，2016，22(05)：1220-1228.

［35］张洁，汪俊亮，吕佑龙等. 大数据驱动的智能制造［J］. 中国机械工程，2019，30(02)：127-133+158.

［36］莫远军. 传统制造业数字化现状及发展策略分析［J］. 中国机械，2023(15)：70-73.

［37］焦波. 智能制造装备的发展现状与趋势［J］. 内燃机与配件，2020(09)：214-215.

［38］赵苏阳，李艳军，钱小燕等. 大数据基本概念、技术与挑战［J］. 现代计算机(专业版)，2015(08)：51-54+60.

［39］龚毅. 智能检测技术在智能制造中的实践研究［J］. 科技创新

导报，2019，16(09)：56-57.

［40］曾侧伦，王晗，刘昱等. 中国轨道交通车辆制造企业智能制造发展方向和建设思路探索［J］. 智能制造，2016(09)：50-54.

［41］邓玲黎，沈侃，曹嘉佳. 智能控制技术在机电控制系统中的应用［J］. 自动化应用，2023，64(06)：93-95.

［42］刘兴惠，李至立，苏家志等. 智能生产过程的大数据分析应用研究［J］. 现代信息科技，2020，4(14)：149-152+155.

［43］邓玲黎，沈侃，曹嘉佳. 智能控制技术在机电控制系统中的应用［J］. 自动化应用，2023，64(06)：93-95.

［44］高加. 高速列车智能化生产工艺技术研究［J］. 轨道交通装备与技术，2020(06)：14-17.

［45］谢克强，聂国健，胡宁. 质量大数据驱动的智能制造［J］. 中国工业和信息化，2021(09)：44-49.

［46］魏良，王娜，任庆武等. 轨道交通车辆的工艺流程标准化［J］. 城市轨道交通研究，2020，23(05)：167-170.

［47］贺保卫，豆张瑞，尹帅等. 基于大数据的列车部件智能制造系统［J］. 制造技术与机床，2021(09)：16-20.

［48］张健，张钰薇，韩振. 轨道交通车辆智能化生产与运维系统的发展与探索［J］. 科技创新与应用，2019(27)：78-80.

［49］柴天佑. 工业人工智能与工业互联网协同实现生产过程智能化及其未来展望［J］. 控制工程，2023，30(08)：1378-1388.

［50］张健，张钰薇，韩振. 轨道交通车辆智能化生产与运维系统的发展与探索［J］. 科技创新与应用，2019(27)：78-80.

［51］司志强. 我国轨道交通产业发展方向与建议［J］. 新材料产业，2017(02)：2-4.

［52］贾有权，王启迪，王露鸣. 我国高速铁路CRTSⅢ型轨道板智能制造技术发展现状及展望［J］. 价值工程，2020，39(14)：264-266.

［53］徐晓兰. 中国机器人产业战略研究及西部发展机遇［J］. 中国

发展，2015，15(05)：61-65.

［54］彭淑素. 智能制造时代自动化技术在工业机器人中的应用研究
［J］. 科技资讯，2022，20(18)：60-62.

［55］魏运涛. 浅谈自动化生产线的发展［J］. 内燃机与配件，
2021，No. 337(13)：190-191.

［56］朱志民，方孝钟，周勇，王亚婷，高云龙，苗冬冬. 工业机
器人在轨道交通制造中的应用现状及发展趋势［J］. 金属加工(热加工),
2021，No. 832(01)：7-12.

［57］祝瑞祥，裴轩，侯涛刚. 轨道交通机器人应用研究进展［J］.
科技导报，2023，41(10)：43-61.

［58］吴其林，赵韩，陈晓飞等. 多臂协作机器人技术与应用现状及
发展趋势［J］. 机械工程学报，2023，59(15)：1-16.

［59］涂天慧. 高速列车转向架自动化装配线仿真与优化研究［D］.
成都：西南交通大学，2019.

［60］唐启义. 实用统计分析及其DPS数据处理系统［M］. 北京：科
学出版社，2002.

［61］王万良. 人工智能及其应用［M］. 北京：高等教育出版社，
2016.

［62］郭福春. 人工智能概论［M］. 北京：高等教育出版社，2019.

［63］龚超，李俊杰，鄂桎黔. 关于地铁列车检修模式的改革设想
［J］. 中国设备工程，2023(18)：180-182.

［64］苑永祥，蹇波，唐松铨等. 轨道车辆智能运维技术发展及应用
现状［J］. 电力机车与城轨车辆，2023，46(01)：12-22.

［65］肖蒲. 关于大数据技术在人工智能中应用研究［J］. 信息与电
脑(理论版），2023，35(11)：214-216.

［66］张春明，吴敏，肖扬等. 基于人机协作模式的地铁机房运维机
器人研究与应用［J］. 华东科技，2023(05)：95-100.

［67］崔少晨. 3D打印技术在轨道交通领域的应用与展望［J］. 装备

制造技术，2018(06)：126-129．

［68］张志勇．金属3D打印技术在轨道交通装备领域的应用研究［J］．现代制造技术与装备，2021，57(03)：113-114．

［69］曹金，祝弘滨，鲍飞等．3D打印在轨道交通领域的研究现状及展望［J］．机车车辆工艺，2018(03)：10-11．

［70］崔迪，赖宇豪，廖师靓等．3D打印在交通工程领域的应用［J］．城市道桥与防洪，2023(06)：250-255+29．

［71］周正，徐宏超，杨亮．3D打印技术应用在轨道结构领域的探索［J］．铁道建筑，2017(01)：44-47．

［72］张志勇．金属3D打印技术在轨道交通装备领域的应用研究［J］．现代制造技术与装备，2021，57(03)：113-114．

［73］鲍飞，陈善忠，韩鞲等．金属零部件制造的3D打印技术现状及发展趋势［J］．新材料产业，2018(05)：53-55．

［74］刘业华，宋海鹰．增材制造技术在地铁车辆内装零部件研制中的应用［J］．金属加工(热加工)，2023(05)：124-127．

［75］张豪．3D打印技术在设计成型工艺中的互动关系研究［D］．武汉：武汉理工大学，2019．

［76］张健，张钰薇，韩振．轨道交通车辆智能化生产与运维系统的发展与探索［J］．科技创新与应用，2019(27)：78-80．

［77］曾侧伦，王晗，刘昱等．中国轨道交通车辆制造企业智能制造发展方向和建设思路探索［J］．智能制造，2016(09)：50-54．

［78］傅维臣．打造轨道交通装备智慧企业［J］．企业管理，2020(09)：112-113．

［79］李磊．我国轨道交通装备行业智能制造发展方向研究与探索［J］．科技创新导报，2019，16(08)：77-78．

［80］鲁军锋，用于轨道车辆轮对智能化加工的工业机器人研发．青海省，青海华鼎重型机床有限责任公司，2019-09-27．